KB073636

**우리는 지구에
홀로 존재하지 않는다**

우리는 지구에 홀로 존재하지 않는다

서가
명강
37

인간과 동물의 관계에 대한
가장 우연하고 경이로운 지적 탐구

천명선 지음

서울대학교
수의학과 교수

21세기북스

인문학

人文學, **Humanities**

철학, 역사학, 종교학, 문학,
고고학, 미학, 언어학

자연과학

自然科學, **Natural Science**

과학, 수학, 의학, 물리학,
지구과학, 화학, 생물학

사회과학

社會科學, **Social Science**

경영학, 정치학, 사회학,
심리학, 외교학,
경제학, 법학

인간동물학

人間動物學, **Anthrozoology**

융합학

融合學, **Integrated Studies**

인공지능, 바이오헬스,
공간분석학, 환경경영학, 인간동물학

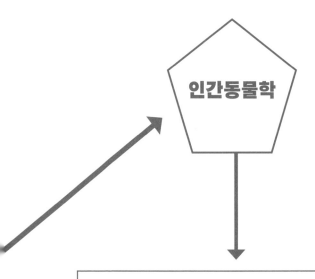

인간동물학이란?

人間動物學, Anthrozoology/Human-Animal Studies

동물은 인간 사회와 문화에서 상징적, 역사적, 경제적 중요성을 넘어
존재한다. 인간동물학은 융합학문 분야로 인간과 동물의 관계를 연구한다.
동물을 객체로만 다루던 기존의 생물학, 동물학, 의과학, 인류학, 사회학
등의 분과학문을 넘어 인간과 비인간동물의 관계에 대한 이해를 추구하는
학문이다. 이 분야의 연구는 우리 사회에서 인간과 동물이 상호작용하는
방식을 규정하는 인간의 행동과 정책, 제도에 영향을 미친다.

이 책을 읽기 전에 주요 키워드

생물다양성(biodiversity)

생태계 내에서 다양한 생물종이 존재하는 상태를 나타낸다. 이는 생태학적 균형을 유지하고 생태계에 안정성을 제공하며, 자원의 효율적인 이용과 생태계 기능을 유지하는 데 중요한 역할을 한다. 급속한 산업화 및 기술 발달, 인간의 활동에 의한 생물다양성 감소는 환경 문제로 여겨진다.

공장식 축산(factory farming system)

대량 생산을 목적으로 하는 축산 시스템이다. 대규모의 동물이 한 공간에 밀집된 채 사육되며, 인공적으로 성장촉진제나 항생물질을 사용하는 경우가 많다. 이는 동물복지 문제와 함께 의료항생제 내성의 증가와 같은 문제를 일으키기도 한다. 공장식 축산은 동물복지에 대한 문제는 물론이고 환경 문제로 우려를 낳고 있다.

생명애 가설(biophilia hypothesis)

'생명'을 뜻하는 'Bio'에 '좋아함'을 뜻하는 영어 접미어 '-philia'를 붙여 만든 단어다. 직역하면 '생명사랑'이지만, 인간은 살아 있는 존재, 즉 생명체이기 때문에 마찬가지로 동물, 식물 등 살아 있는 다른 존재를 좋아하고, 그들에게 끌리는 본성을 가졌다는 가설이다. 사회생물학자인 에드워드 윌슨이 동명의 저서에서 처음 주창했다.

동물 안락사(animal euthanasia)

동물 안락사는 동물을 고통 없이 죽이는 것을 의미한다. 동물이 치유할 수 없는 질병 등으로 삶의 질이 현서하게 저하될 때 시행한다. 동물을 돌볼 수 있는 자원이 부족할 때, 예를 들어 동물보호소에서 입양되지 못한 유기견이나 유기묘를 일정 기간 후 죽이는 경우에도 이 용어를 사용하고 있다.

살처분(culling)

전염병이나 생태보전 등을 이유로 동물을 대규모로 죽이는 방식이다. 특히 예방적 살처분(preventive culling)은 가축 전염병의 확산을 방지하기 위해 감염 동물뿐 아니라 전염병 발병 농가와 인근 농가의 동물을 죽이는 것을 의미한다. 동물을 죽이는 이유와 방식의 윤리적 정당성, 그리고 사체 처리로 인한 환경 문제에 대해 사회적인 비판이 높다.

브람벨 리포트(Brambell Report)

1965년 발간된 「브람벨 리포트」는 영국 정부가 프랜시스 브람벨을 위원장으로 하는 조사위원회를 구성해 농장동물의 복지를 점검한 결과를 담았다. 「브람벨 리포트」의 영향으로 동물의 5대 자유가 성문화되었다.

마틴 법(Martin Act)

1822년에 제정된 '가축의 잔인하고 부당한 처우를 방지하기 위한 법'으로, 영국의 동물권 운동가인 리처드 마틴이 주도해 통과시킨 동물복지 관련 세계 최초의 법률이다. 뒤를 이어 1850년에는 프랑스가, 1871년에는 독일이 동물학대처벌법을 도입했다.

동물권(animal rights)

1970년대 후반 철학자 피터 싱어(Peter Singer)가 "동물도 지각·감각 능력을 지니고 있으므로 보호받기 위한 도덕적 권리를 가진다."라고 주장하며 생겨난 개념이다. 동물 실험, 동물 학대 등 인간에 의한 고통을 거부할 권리를 넘어 삶의 주체로서 존중과 권리를 보장받으며 착취되지 않을 권리를 의미한다. 독일은 2002년 세계 최초로 헌법에 동물권을 명시, 보장한 바 있다.

차례

1부 우리는 동물과 다르다는 착각

2부 왜 어떤 동물은 죽이고 어떤 동물은 사랑하는가

"인간과 동물이 영원히 행복하게 공존할 방법을 지금 당장 찾기는 어렵다. 그렇다 해도 인간과 동물을 둘러싼 갈등과 혼란을 이해하고 점진적인 변화를 시도해야 한다. 어쩌면 그것이 동물에 대해 인간이 보여줄 수 있는 가장 큰 애정과 책임의 표현일 것이다."

동물을 위한 변론을 시작하겠습니다

최근 대선과 총선에 출마한 후보들이 동물 공약을 발표하면서 동물과 동물을 키우는 사람들이 공식적으로 동물을 위한 정치에 참여하기 시작했다. 인간과 함께 살아가는 동물들은 어떤 삶을 원하고 있을까? 인간이 동물에게 제공해야 하는 기본적인 수준의 삶은 어떤 것일까?

이런 문제는 동물을 대하는 인간의 윤리와 밀접하게 연결되어 있다. 그래서 동물 정책은 동물윤리를 근간으로 해 당위성을 확보한다. 이것으로 충분할까? 인간-동물 관계는 윤리적 당위만으로 설명하기 어려운 부분이 많다. 법으로 확보된 동물의 권리는 학대받지 않고 정당한 이유 없이 죽임을 당하지 않을 수준에 머문다. 그런데 현실은 어떤가?

인간은 스스로 동물을 만들어내고 먹고 이용하는 대부분의 행위를 사회적·문화적으로 정당하다고 여긴다.

동물을 연구하는 사람들은 대개 동물을 생물학적으로 다룬다. 동물이 어떻게 기능하고 어떻게 병에 걸리고 다시 기능을 회복하는지에 관심을 갖는다. 그리고 각각 다른 종의 동물들이 서로 어떻게 다른지 비교하기도 한다. 그런데 우리는 모든 동물을 같은 수준의 관심으로 살펴보지는 않는다. 이런 이유로 어떤 동물에 대해서는 조금 더 많이 알고 어떤 동물에 대해서는 잘 알지 못한다. 심지어 존재하거나 멸종하고 있는지조차 모르는 동물도 많다.

수의사는 동물의 질병을 치료하지만 모든 동물을 치료하는 것은 아니다. 가축은 경제적인 이득이 담보되지 않으면 치료를 받기 어렵다. 야생동물은 구조되었거나 제도에 의해 지정된 보호종이 아니면 대개는 치료의 대상이 아니다. 반려동물일지라도 이들의 질병에 대해서 어떤 보호자는 좀 더 민감하고 어떤 보호자는 그렇지 않다. 이런 차이는 어디에서 생겨나는 것일까? 그리고 이런 차이가 있어도 되는 것일까?

인간과 동물의 관계는 다채롭다. 그리고 그 관계가 양쪽 모두에게 반드시 선이거나 악이 되는 것도 아니다. 같은 종의 동물과 인간이라도 놓인 맥락과 장소에 따라 관계를 맺는 방식이 다르다. 인간과 동물의 관계를 윤리나 과학으로만 설명하기 어려운 이유가 여기에 있다. 예를 들어보자. 인터넷은 고양이로 가득하다. SNS에 올라오는 고양이들은 사람에게 친근한 모습으로 우리의 눈길과 관심을 사로잡는다. 햇빛 아래서 한가롭게 낮잠을 즐기는 고양이들은 온라인 세계의 귀여움을 독차지한다.

그러나 우리가 사는 도시의 현실은 다르다. 어두운 뒷골목과 아파트의 주차장을 어슬렁거리는 (길)고양이들은 편견 어린 시선과 미움을 받는다. 2000년대 초반 한 아파트에서는 새끼를 키우는 어미와 새끼 고양이의 잠자리를 시멘트로 막아 이들이 죽도록 한 일이 있었다. 이뿐만이 아니다. 지금도 어떻게 하면 (길)고양이를 효과적으로 박멸할지 논의가 이루어지곤 한다.

튀르키예의 이스탄불 같은 도시에서는 다르다. 그곳의 (길)고양이들은 종교의식을 준비하는 모스크의 앞뜰에, 화려한 유적지에, 그리고 골목마다 그 도시의 주인인 양 떡하니 자리를 잡고 있다. 심지어 바닷가 동네의 집들은 해가

뜨면 고양이들이 먹을 수 있도록 물 양동이를 내놓는다. 이런 차이는 어디서 오는 것일까?

인간동물학은 인간과 동물의 관계, 인간과 동물의 상호작용을 연구하는 융합학문이다. 1990년 영국에서 애완동물이 인간에게 주는 영향을 주제로 국제심포지엄이 열렸다. 여기에 모인 학자들이 인간-동물 관계에 대한 학술적인 커뮤니티를 구성하고 이 분야의 연구를 발전시키기 위해 학회 창립을 도모한 것이 그 시작이다. 이들은 인간동물학(Anthrozoology 또는 Human-animal studies)을 정립했다. 나는 2013년 시카고 학회에 참여했는데, 그것이 이 분야 학자들과의 첫 만남이었다.

동물에 대해 인간이 만들어내는 모순적이고 혼란스러운 이슈를 분석하고 싶었다. 그리고 우리 사회가 동물을 어떻게 대해야 하는지 방향성을 찾고 싶었다. 물론 여전히 혼란 속에서 고민하고 있다. 동물이 인간과 동일한 사회적 지위를 누리며 모든 모순이 해결되고 인간과 동물이 영원히 행복하게 공존할 방법은 지금 당장은 없을 것 같다. 그렇다 해도 포기할 수는 없는 일이다. 인간과 동물을 둘러싼 갈등과 혼란을 이해하고 점진적인 변화를 시도해야 한다. 어쩌면

그것이 시간과 공간을 우리와 공유하고 있는 이 존재들에
대한 가장 인간적인 애정과 책임의 표현일지도 모르겠다.

2024년 6월

천명선

1부_____

우리는 동물과

다르

다는

착각

인간은 동물이다. 인간의 역사는 동물과 함께 시작되었고 중요한 변화의 순간을 동물과 함께했다. 그러나 인간은 스스로 동물과 거리를 두고 인간이 우월하다는 점을 내세우고 싶어 했다. 우리는 인간이 일방적으로 동물을 길들이고 이용하는 방식으로 동물과 관계를 맺어왔다고 착각한다. 그러나 동물 역시 인간을 이해하고 받아들이는 능력을 키워왔다. 인간 사회가 이런 동물에게 너무 작은 자리를 내어주고 있는 것은 아닐까?

인간의 방식으로
경계 짓는 세계

동물, 너무 멀고도 가까운 존재

인간과 동물은 오랜 시간을 거치며 가깝고도 먼 존재로 지내왔고 비교되어왔다. 인간과 동물은 어떤 관계에 놓여 있을까? 우리는 인간으로서 동물을 어떻게 대해야 할까? 또 인간 사회와 문화 안에서 동물은 어떤 역할을 할까? 이 주제들을 논의하기에 앞서 배경 몇 가지를 살펴보도록 하자.

매우 신기하게도 사람들은 '동물'이라는 단어를 이야기할 때 자신을 빼는 경향이 있다. 만일 인간이 동물이냐고 묻는다면 당연하게도 그 대답은 '그렇다'이다. 인간은 동물이다. 동물이라는 것은 사전적인 의미로 '식물이 아닌 존재들'이기 때문에 인간도 동물 안에 포함되는 게 당연하다.

그런데도 우리는 애써 인간과 동물을 구분하려 한다.

최근 연구자들 중 상당수가 '비인간 동물'이라는 단어를 많이 사용한다. 비인간 동물은 인간이 아닌 동물any animal other than human을 의미한다. 동물윤리를 비롯한 다양한 학문 분야에서 인간이 동물에 포함되어 있음을 강조하고 동물에 대한 인간의 책임을 고려하기 위해 의도적으로 이 단어를 사용해왔다.

그러나 인간이 동물에게 취하는 태도의 모순점을 보여주기 위해 오히려 나는 여기서 '인간'과 '동물'이라는 단어를 그대로 사용하려 한다. 그리고 인간이 동물에 속하기 때문에 생겨나는 여러 가지 특성에 대한 이야기도 할 것이다.

그러면 사람들은 왜 인간과 동물을 애써 구분하려 하고, 동물이 인간과는 다르다는 걸 이야기하려 할까? 이 점을 보다 깊이 이해하기 위해 동물에 대한 철학자들의 시선을 따라가며 그 흐름을 살펴보자.

이성주의 철학의 대표주자 르네 데카르트Rene Descartes는 "동물은 마음이 없는 자동 기계mindless automata다."라고 말했으며, 당시 이 말은 많이 회자되었다. 물론 데카르트가 동물을 차별하기 위한 특별한 목적성을 갖고 이 이야기를 한 것은 아니었다. 하지만 동물에 대한 인간의 배려가 불필요하다는 걸 이야기할 때 데카르트의 말이 논거처럼 활용되는 것은 사실이다.

데카르트는 말할 수 있는 능력을 갖지 못한 존재는 '이성'을 가질 수 없다고 생각했다. 그래서 고등 의식이나 생각은 사람만 가질 수 있으며, 사람보다 하등한 동물은 가질 수 없다고 여겼다. 그럼에도 사람들은 데카르트가 한 이야기를 의심의 여지 없이 전부 그대로 받아들일 수는 없었다. 왜냐하면 동물이 주위의 자극과 다른 동물이나 사람의 행동에 반응하는 걸 봤으며, 사람처럼 판단력이 있고 계획하듯 행동하는 걸 경험적으로 알고 있었기 때문이다.

그렇다 해도 동물들이 보여주는 반응을 사람의 그것과 똑같다고 여긴 것은 아니다. 사람들이 하는 복잡한 사고의 과정, 고등 의식, 생각을 통한 반응과 동물의 반응은 다르다고 여겼다. 여전히 동물은 고등 의식이나 생각이 없는 존재이며, 언어적 능력(말할 수 있는 능력)을 갖지 못한 존재로 취급되었다.

데카르트가 말한 '마음이 없는 자동 기계'라는 말의 의미를 어떻게 이해해야 할까? 동물을 정말로 기계로 본 것이 아니라 인간 같은 고등한 능력이 없음을 표현한 것으로 봐야 한다.

동물을 하등한 존재로 취급해 인간과 구분하려 한 것은 데카르트뿐만이 아니다. 훨씬 후대의 철학자인 마르틴 하이데거Martin Heidegger 역시 인간과 동물을 다른 존재로 여겨 구분하려 했다. 하이데거는 '동물은 인간과 언어의 차이가 크고, 세상과 이성적으로 상호작용하는 능력이 없다'고 보았다. 데카르트와 하이데거는 동물이 상징적인 언어 체계를 가질 수 없기 때문에 세상과 이성적으로 상호작용하는 능력이 없는 존재임을 이야기하고 싶어 했다. 이런 모든 것들이 동물이 인간보다 하등하고 인간과 동물에는 명확한 차이가 있음을 이야기할 때 많이 언급되는 요소들이다.

그런가 하면 중세 신학에 바탕을 둔 철학자나 근대 들어와 이성에 더 강조점을 두고 있는 철학자들도 비슷한 주장을 한다. 대표적으로 토마스 아퀴나스Thomas Aquinas를 들 수 있다. 그는 동물들을 인격체로 보기에는 조금 모자란 존재, 즉 비인격체로 보았다.

인간 입장에서 보면 동물은 적절한 방법으로 사용될 수 있는 도구적 가치를 지닌 존재들인 셈이다. 크게 신경 쓸

필요도 없고 그저 편리한 대로 이용만 하면 된다. 우리가 먹고, 쓰고, 노동하는 데 무리 없이 투입할 수 있는 대상으로 여긴 것이다.

특히 이런 점은 이성적이고 도덕적인 선택을 할 능력이 없는 존재로서의 동물을 부각시킨다. 그 때문에 도덕적인 행위자, 즉 스스로 생각하거나 윤리적으로 판단해서 행동할 수 있는 존재가 아니라는 점을 강조하게 된다. 이 점은 특히 또 다른 철학자 임마누엘 칸트Immanuel Kant가 주장하고 강조한 부분이다. 이런 주장이 설득력을 얻으면 인간의 윤리 공동체 안에서 인간은 동물들을 특별히 배려할 필요가 없어진다. 동물들은 애초 그런 능력과 자격을 갖고 있지 않은 존재이기 때문이다.

철학자들은 동물이 갖고 있는 모든 요소 중에서 인간과 비슷한 요소보다 인간과 다른 요소를 유독 강조했다. 즉 동물이 갖고 있지 않다고 여겨졌던 이성과 언어, 그리고 영혼을 내세워 동물이 인간보다 하등함을 강조한 것이다. 그런데 이쯤에서 의문이 든다. '왜 철학자들은 인간과 동물을 이렇게까지 차별하고 싶어 한 것일까?'

사실 동물을 차별하는 것 자체가 이들의 목적은 아니었다.

이들의 목적은 인간이 가진 특별한 점을 부각시키는 데 있었다. 그러기 위해 인간과 비슷하면서도 다른 존재인 동물들의 차이점 혹은 하등한 점을 드러내는 게 효과적이라 본 것이다. 다시 말해 인간과 동물을 끊임없이 비교했다는 것은 동물이 그만큼 인간과 유사한 점을 가졌다는 일종의 반증이기도 하다.

인간에 의해 결정되는 동물의 삶

자연철학자인 아리스토텔레스는 『동물지』에서 동물을 피를 가진 동물과 피가 없는 동물로 나누고 다리가 네 개 달린 동물과 어류, 고래류 정도로 분류했다. 동물을 관찰하고 연구한 결과다. 그러나 인간은 동물을 우리의 경험과 필요에 따라 분류한다. 우리는 동물을 구분할 때 반려동물(애완동물), 산업동물(농장동물), 실험동물, 야생동물로 구분하며 여기엔 인간의 목적과 필요가 반영되어 있다. 여기서 생물학적인 종은 크게 의미가 없다.

예를 들어 비글은 가축화된 개Canis lufus familiaris의 한 품종이다. 현재의 품종은 19세기경 사냥개로 개발되어서 냄새를 잘 맡고 작은 동물을 쫓는 데 특화되었다. 그래서 탐지견이나 검역견으로 투입되기도 한다. 무척 활발한 성격을 소유했기 때문에 반려견으로서도 인기가 많다. 몸집이 작고 사람을 잘 따르는 편이라 한편으로는 실험견으로도 활용된다. 미국에서는 한해 약 6만 마리의 비글이 실험견으로 희생되고 있으며 국내에서도 1만 5000마리가 실험에 이용된다.

인간이 어떻게 구분하는가에 따라 비글에게 주어지는 삶은 다르다. 반려견인 비글에게는 가족의 관심과 애정이 주어진다. 반면 실험견인 비글은 동물실험에 이용된 후 많은 경우 안락사로 생을 마감한다.

최근 푸바오라는 판다가 많은 사람들의 사랑을 받았다. 푸바오의 행동과 사육사와의 관계에 사람들은 특별한 의미를 부여했다. 중국으로 귀환해야 한다는 사실이 푸바오에게 보다 극적인 스토리를 부여함으로써 안타까움을 자아내기도 한다.

사실 동물원에서 혹은 야생에서 인간에게 특별한 관심을 받는 동물종은 그리 많지 않지만, 그중 관심을 받는 몇 가지 종을 꼽아볼 수 있다. 코알라나 판다같이 외모나 행동에서 귀여움을 보여주는 동물이나 돌고래, 침팬지, 코끼리 같이 지능이 높다고 알려진 동물이 애정의 대상이 된다. 야생성의 상징인 맹수 호랑이와 사자는 늘 인기를 끈다.

문화와 종교적으로 선호와 배척이 나뉘는 동물도 있다. 고대 이집트에서는 돼지를 더러운 동물로 보았다. 헤로도토스Ἡρόδοτος의 『역사』에 따르면 이들은 돼지와 스치기만 해도 몸을 씻을 정도로 불결하게 생각했고 특정한 경우가 아니라면 제물로 바치기에도 불경하다고 여겼다. 이런 전통은 유대인이나 무슬림에게도 유사하게 나타나는데 이들은 돼지고기를 먹지 않는다.

인간이 정해놓은 자리에서 벗어나거나 인간이 쓸모없다고 규정하는 동물들도 마찬가지로 다르게 구분되며, 배척이나 제거의 대상이 된다. 이를테면 개는 전통적인 농업사회에서는 마을을 자유롭게 돌아다니며 인간이 주는 먹이를 먹고 외부인을 쫓거나 사람과 동반해 활동했다. 그러던 개가 도시화된 사회에서는 길에 있으면 유기견이 되고, 사람의 통제를 벗어나면 들개로 취급받는다. 오랜 세월 인간의 주거지 곁에서 먹이를 찾던 고양이도 도시에서는 길고양이가 되고 도시 경계의 자연경관에서는 들고양이가 된다.

우리가 구분 지은 카테고리에 속한 동물은 인간이 정한 대로 이에 해당하는 대우를 받는다. 이들은 같은 생물학적, 생태학적, 행동학적 특성을 가지고 있다. 같은 먹이와 환경, 때로는 사회적인 활동을 필요로 하지만 인간의 필요와 선호에 따른 구분이 이를 앞선다. 인간이 선호하는 동물은 인간에게 보다 가깝게 여겨지고 그렇지 못한 동물은 멀게 여겨진다. 물론 이 과정에는 인간은 우월한 위치에서 동물을 구분하고 관리할 수 있는 존재라는 점이 전제되어 있다.

우리는 동물을 이해할 만큼 영리한가

인간은 여태껏 인간의 시각, 그 틀 안에서만 동물을 이해해 왔다. 그러나 인간의 지식과 경험으로 동물을 하등한 존재로 규정하고 인간과 구분 짓는 게 가능할까? 또한 생물학적 능력이 같은 동물을 인간의 필요에 따라 구분 지어 전혀 다른 삶을 부여하는 것에 아무런 문제가 없을까?

인간은 인간의 인지적 능력과 비교해서 동물을 이해하는 한계를 갖고 있다. 다시 말해 인간은 인간의 감각과 인지가 만들어내는 세계만 이해할 수 있으며, 이는 의식적으로 왜곡되고 의인화된 세계다. 예를 들어 우리는 박쥐나 고래처럼 초음파를 이해할 수 없다. 초음파로 세상을 구성하는 방식을 기계의 도움 없이 이해하지 못한다. 그런데 그 동물들은 우리가 보는 세계와 또 다른 세계를 볼 수 있다. 다시 말해 동물은 지금 우리가 사는 세상과는 다른 세상에서 살고 있는 셈이다. 이런 상황에서 과연 그 동물들이 가진 능력에 대해 우리가 제대로 이해할 수 있을지 의문이다.

동물 행동학자로 잘 알려진 프란스 드 발Frans de Waal이 쓴 『동물의 생각에 관한 생각』이란 책이 있다. 원제는 'Are we smart enough to know how smart animals are?'로 '우리는 동물을 이해할 수 있을 정도로 영리한가' 정도로 번역할 수 있다. 동물 행동학자가 동물의 행동을 꾸준히 관찰하고 연구한 내용을 담은 책이다.

프란스 드 발은 인간 중심으로 동물을 이해하는 것에 반기를 들며 '동물의 행동을 어떤 방식으로 연구할 것인가'에 대한 내용을 이 책에 담았다. 시대별로 이 책의 흐름을 따라가다 보면 동물에 대한 이해의 폭과 지식이 한층 깊고 넓어진다. 그래서 이 책을 읽다 보면 결국 동물에 대한 지식이 오히려 '인간과 동물의 차이를 좁혀가는 게 아닌가'라는 생각을 하게 된다. 종국에는 동물을 이해하는 방식으로 인간을 이해하는 시각까지도 갖게 한다. 기존에는 '인간에게는 이성이 있으며, 신에게 선택받았고, 윤리적인 공동체를 운영하며 살아간다'는 방식으로 인간을 이해했다. 그러나 프란스 드 발은 이런 시각에서 벗어나 인간을 다른 방식으로 이해하도록 유도한다.

인간은 같은 생물학적 종에 속하는 동물도 인간의 필요에 따라 다시 경계를 짓고 차별적으로 대우한다. 그러나 그 경계는 확정된 것이 아니다. 우리는 실험동물인 비글을 입양하기도 하고, 길고양이의 집사로 간택되기도 한다. 혹은 누군가의 반려견이었던 개가 유기견이 되거나 들개가 되어 포획의 대상이 되기도 한다. 이처럼 명확하지도 않을뿐더러 변화무쌍한 경계는 우리가 동물에게 갖고 있는 모순적 태도와 시각을 그대로 보여준다.

인간과 동물 사이의
낡은 경계 허물기

인간은 동물과 같은 진화의 산물이다

지금까지 살펴본 것처럼 많은 철학자가 인간과 동물이 본질적으로 다른 존재임을 이야기해왔다. 동물과 인간의 차이점을 내세워 인간의 특별함을 강조하려는 의도에서 말이다. 그러나 한편으로는 동물이 가진 정신적인 능력을 모두 부인하지는 못했다. 어쩌면 인간과 동물은 생각보다 가까운 존재인지도 모른다. 동물에서 시작하는 지식, 그리고 동물과 인간을 비슷한 범주에 넣는 학문적 흐름은 어디에서 시작되었을까? 비교생물학과 생태학, 수의학 같은 근대 자연과학에서는 그 시작이 가능했을 수도 있겠다. 그리고 아마도 진화론을 그 전환점으로 볼 수 있을 터다.

사실 진화론은 인간 입장에서 보면 상당히 못마땅한 이론이다. 왜냐하면 인간을 다른 동물들과 비슷한 범주에 넣거나 유전학적·진화적 연속선상에 놓고 인간과 동물을 연결시키고자 하는 시도이기 때문이다. 진화론은 다른 한편으로 보면 인간의 특별함을 희석시키는 흐름이기도 하다. 하늘에 붙어 있던 우리의 위치를 땅으로 떨어뜨리는 것과 마찬가지이므로 인간 입장에서는 내키지 않을 수 있다.

인간을 다른 동물과 함께 생물로 분류하려는 아이디어는 18세기 칼 폰 린네Carl von Linné의 분류학에서도 찾을 수 있다. 분류학taxonomy이란 생물을 특성에 따라 기준을 두고 구분한 뒤 이름을 붙여 고정된 체계로 정리하는 학문이다. 린네는 근대 분류학의 창시자로, 이미 인간과 동물의 생물학적인 유사성을 파악하고 있었다. 실제로 그는 자신의 연구에서 인간을 영장류Anthropomorpha로 분류했다. 영장류에는 인간homo, 유인원Simia, 나무늘보bradypus가 포함되어 있다. 다만, 린네는 이런 구분이 고정되어 있다고 생각했으며 시간을 두고 변화해왔다고 생각하지 않았다.

찰스 다윈Charles Darwin은 『종의 기원』을 통해서 진화의 개념을 비롯해 진화가 얼마나 우연적이고 연속적인지를 밝혔다. 이는 인간과 동물의 경계를 모호하게 만든 가장 큰 전환점이라고 할 수 있다. 이제 인간은 세상의 많은 다른 동물들과 그 기원을 공유하는 진화의 산물인 셈이다. 인간과 동물이 가진 유사성의 기원에 대한 과학적인 증거는 인간과 동물의 거리를 좁혔고 인간과 다른 생물의 관계를 연결했다. 이를 통해 인간은 '선택받은 특별한' 인간의 존재와 본성에 대한 철학적이고 종교적인 기존의 가정에서 벗어나 지구 위 다른 존재에 대한 인간의 영향과 책임감을 다시 생각하게 되었다.

동물분류학에 따르면 인간은 사람속genus Homo에 속하는, 현존하는 유일한 종으로 영장목 사람과Primates, Hominidae에 포함된다. 분류학적으로는 같은 사람과 사람속에 속하는 침팬지속과 가장 가깝다.

동물에게도 기쁨과 슬픔이 있다

또한 다윈은 『종의 기원』에서 동물과 인간의 유사한 정신적 능력에 대해 강하게 주장하고 있다. 동물도 인간과 마찬가지로 감정이 있고 정신적인 능력이 있어서 표현할 수 있으며, 또 인간이 그걸 이해할 수 있다는 것이다. 특히 다윈은 인간과 가까운 동물인 개, 원숭이 등을 예로 들어 이 점을 설명한다.

그는 1872년 출간한 『인간과 동물의 감정 표현』에서 개가 주인을 볼 때 털을 부드럽게 하고 귀를 젖혀서 눈을 늘어지게 하고 몸을 낮춰 '애정을 표현'한다고 말했다. 이런 감정은 다른 동물들이나 낯선 사람을 만날 때는 완전히 상반되는 행동으로 나타난다. 개는 새끼를 돌보면서 애정을 습득하는데, 애정을 느끼는 대상(사람)과 접촉함으로써 애정이라는 감정을 그 사람에게 보인다는 것이다.

원숭이의 경우 인간과 매우 유사한 감정 표현이 가능하다. 침팬지는 인간의 웃음과 비슷한 소리를 내고 눈이 빛나며, 세부스올빼미원숭이는 사랑하는 사람과 다시 만나면 미소를 짓는다는 내용까지 기록되어 있다. 슬픔, 걱정, 질투 같은 부정적인 감정도 표정에서 드러나며 일부는 울음을 통해 슬픔을 표현한다는 내용도 담겨 있다.

다윈은 이러한 동물들과 인간의 감정이 유사하다고 주장하는데, 이는 인간의 특별함을 주장하는 데 대한 일종의 반격이다. 동물과 인간이 비슷한 측면을 갖고 있다면 인간만이 특별할 것이 없기 때문이다.

동물의 감정에 대한 인간의 인식은 오래전 아리스토텔레스의 관찰에서도 찾아볼 수 있다. 자연철학자인 아리스토텔레스는 동물에 많은 관심을 가졌다. 아리스토텔레스는 동물을 논하면서 자연철학의 기틀을 잡아갔고 여러 권의 책을 집필했다. 그중에서 가장 중요한 책으로 아리스토텔레스가 쓴 『동물지』를 꼽을 수 있다.

앞서도 언급한 이 책에는 아리스토텔레스가 동물을 생태적으로 분류하려 노력한 흔적이 고스란히 담겨 있다. 그는 500여 종에 달하는 동물을 연구하면서 이 동물들이 어떻게 살고, 어떻게 죽고, 어떻게 영양분을 섭취하고, 어떤 식으로 사회적인 생활을 하는지까지 다루었다.

물론 아리스토텔레스 역시 동물에게는 이성이 없다고 여겼다. 동물은 영양분 섭취를 위해 기능하는 '영양혼'과 외부의 자극에 반응하는 '감각혼'은 가졌으나 이성은 갖고 있지 않다고 생각했다. 이성을 가진 인간이 더 우등한 존재이고, 동물은 열등한 존재라고 생각한 것은 다른 철학자들과 같다.

그럼에도 아리스토텔레스가 동물의 정신적인 능력에 대해 이전 철학자들과 다르게 표현하고 있다는 점은 눈여

겨봐야 할 부분이다.『동물지』에서 그는 동물에 대해 다음과 같이 표현한다.

"인간과 동물의 신체 기관이 비슷하다는 걸 지적할 수 있듯이 동물에게는 인간의 지혜와 맞먹는 지적인 면이 있습니다. 그런 이유로 많은 동물에서 다정함이나 사나움, 온화함이나 심술 맞음, 용감함이나 소심함, 두려움이나 자신감, 고고한 정신과 저열한 교활함 같은 것들이 관찰됩니다."

"대다수 동물이 정신적인 특성과 태도의 흔적을 갖고 있습니다. 다만 인간의 경우 그것이 보다 두드러지게 나타나 다른 동물과 차별화됩니다."

"자연에 순응하는 것은 즐거움이며 모든 동물은 자연에 순응하며 즐거움을 추구합니다."

앞서 말한 대로 아리스토텔레스는 500여 종에 달하는 동물의 특성을 계속 관찰해왔다. 그리고 이 책에서 동물을 두고 '다정함, 온화함, 용감함, 비겁함, 소심함, 교활함'처럼 인간에게 쓰는 표현들을 사용했다. 이 단어들은 상당히 의인화된 표현이다. 인간의 성격과 특성을 나타내는 단어로 동물을 표현하다 보니 '지혜' 같은 단어도 사용한다. 이는 동물에게 지적인 면도 있음을 인정하는 것이다.

다시 말해 아리스토텔레스는 인간과 동물을 비교함에 있어 다른 철학자들과는 조금 달랐다고 할 수 있다.

동물의 삶이란 번식과 먹이 활동으로 이루어지며 자연에 순응하는 것을 중심으로 한다. 아리스토텔레스는 동물들이 이런 활동을 통해서 즐거움을 느낀다고까지 표현했다. 즉 동물이 이성을 갖지 못한 존재라고 구분했던 초창기 자연과학자였던 아리스토텔레스조차도 동물에게서 사람과 유사한 특징을 관찰했고 이를 인정했다는 점은 의미심장하다. 다시 말해 당시에도 동물이 지닌 지적인 능력에 대해 경험적으로 충분히 알고 있었다는 이야기다.

이 외에도 생각의 변화를 유도했던 책이 또 있다. 50여 년 전에 출간된 『털 없는 원숭이』가 바로 그 책이다. 이 책에서는 인간을 조금 더 특이한 영장류, 동물적인 특성을 가진 동물의 한 가지 종으로 취급한다. 즉 인간이 가진 동물적 특성들을 제시하고 있다.

이 책에 따르면 털 없는 원숭이인 인간은 나무에서 내려와 사냥과 육식을 하는 기술을 체득하게 된 영장류다. 또한 다른 동물에 비해 양육 기간이 조금 더 길다. 인간 사회의 특성으로 여겨졌던 많은 사회적 특성도 사실 다른 원숭이, 다른 유인원과 비슷하게 진화와 유전의 산물일 뿐이다. 이런 관점과 주장은 인간이 가진 동물적인 특성을 부각시키면서 인간과 동물이 결국 '동물'이라는 카테고리로 묶이도록 한다. 인간과 동물이 좀 더 가까워지게 되는 계기가 된다고 볼 수 있다.

동물과 인간의 경계를 허문다는 건 어떤 의미일까?

그러면 다시 이런 의문을 품을 수 있다. 동물의 방식으로 인간을 완전하게 이해할 수 있을까? 동물의 방식으로 인간을 이해함으로써 인간과 동물을 아주 비슷한 존재로 묶어서 생각해볼 수 있는 걸까? 그렇게 한다면 둘은 완전히 같아지는 걸까? 사실 주어진 환경에 적응하며 먹고, 쉬고, 새끼를 낳고, 늙고, 죽음을 맞이하게 되는 모든 생명활동은 인간과 동물의 생존에서 그다지 차이가 없다. 또한 위험에 반응하고 필요하다면 다른 존재와 협력하는 방식도 진화를 통해 쌓아온 능력일 뿐 본질적으로는 차이가 없다고 볼 수 있다.

그렇다면 인간이 가진 특성, 인간의 문화와 사회는 의미가 없다는 말인가? 인간은 언어 없이도 섬세한 감정적 관계를 맺는다. 그리고 언어를 활용하는 인간의 학습과 문화는 비록 동물에서 유사함을 찾을 수는 있지만 그 복잡성은 비교가 불가능하다. 이는 인간만이 가진 인지적 능력의 산물이다. 따라서 '동물에게서 이런 능력을 찾을 수 없다면 인간이 훨씬 더 우월한 존재 아닌가?'라고 다시 반문할 수도 있다. 그렇다면 인간과 동물은 다르다고 답할 수도 있겠다.

이쯤에서 또 다른 궁금증이 생긴다. '과연 동물은 인간을 어떤 존재로 이해하고 있을까?' 하는 점이다.

인간을 맞닥뜨리지 않았던 많은 동물은 어쩌면 직립보행을 하는 인간이 자기보다 키가 커서 약간 더 높은 위치에서 내려다보는 동물이라고 생각할지도 모른다. 그래서 그 동물들 입장에서는 인간이 조금 무섭고 두려운 존재일 수도 있다. 그런가 하면 자기와 다르기에 인간을 일종의 재미, 호기심의 대상으로 여기고 다가올 수도 있다. 혹은 자신과 관계를 맺는 어떤 존재로서 인간을 볼 수도 있다.

그런가 하면 오랜 시간 인간과 함께 살아오면서 인간에게 익숙해졌으며, 인간의 노동과 문화에 참여하는 동물도 있다. 동물 역시 다양한 맥락에서 다양한 방식으로 인간을 접하고 인식하고 소통하려 할 수 있다. 우리는 동물이 다른 존재를 인식하고 소통하는 방식에 대해 이제야 조금씩 이해하기 시작했다.

인간은 동물과 비슷한 존재일 수도 있고 혹은 동물과 아주 다른 존재일 수도 있다. 다만 어떤 식으로 서로를 인식하는가와 별개로 어쨌든 인간과 동물은 소통과 관계 맺기가 가능한 존재들이다. 희한하게도 말이다.

오해와 편견이 넘치는
관계 맺기의 문제들

관계 맺기는 인간만의 능력이 아니다

인간은 자신 외의 다른 동물을 길들이고, 돌보고, 죽지 않게 도와준다. 혹은 그 동물들을 사냥하기도 하고 키우기도 한다. 이런 모든 것들이 전부 인간이 가진 우월한 능력 때문에 가능한 일일까? 그렇게 보기만은 어렵다. 인간과 동물의 관계 맺기에 대해서 살펴보기 전에 서로 다른 종 간에 관계를 맺는 것이 가능한 일인지를 생각해보자.

관계의 강도나 방식이 다르기는 하지만 생태계 안에서는 동물과 동물 사이에 서로 공생하는 다양한 관계가 존재한다. 종이 다른 생물들끼리는 생존을 극대화하기 위해 서로를 돕는 행동을 하는데, 생물학에서는 이를 공생이라고 한다. 도우려는 의도가 있다기보다는 환경에 적응하는 데 유리한 방식을 택하는 진화적 특성이라고 볼 수 있다. 이를테면 꽃의 꿀을 취하는 꿀벌과 꿀벌을 통해 수분하는 식물의 관계가 그렇다. 작게 보면 동물의 대장 속에서 생존하며 소화를 돕는 장내 세균도 이런 관계를 유지한다고 볼 수 있다.

의도와 애착을 갖고 다른 동물을 돌보는 경우도 흔하지는 않지만 일부 존재한다. 유인원 같은 경우 다른 종의 동물들을 돌보기도 하는데 이는 인간 사회에서 보는 입양, 애완과 매우 유사한 행위로 나타난다. 영장류학자 패트리샤 이자르Patrícia Izar가 《미국 영장류학 저널American Journal of Primatology》에 기고한 논문에 관련 사례가 실려 있다. 이 논문에는 원숭이가 마모셋marmoset을 입양하거나 혹은 애완의 형태로 길들여 같이 데리고 사는 이야기가 나온다.

그동안 반려동물을 키운다는 것, 동물을 가축화한다는 것은 인간만이 가진 특성처럼 인식되어왔다. 그러나 다른 동물들 사이에서도 존재하는 특성임이 밝혀진 것이다. 다른 사례로 고양이를 좋아했던 고릴라 '코코'를 들 수 있다. 코코는 45년간 연구자들과 함께 살면서 인간의 언어 일부를 이해했으며, 수화 체계를 통해 자신의 의사를 표현했다.

그뿐 아니라 인간과 동물에게 애정이나 슬픔 같은 감정을 보여주었다. 생일선물로 새끼 고양이를 한 마리 선물받은 코코는 이 고양이를 잘 돌보았고 고양이가 사고로 죽었을 때 슬프다는 언어적 표현을 했다. 물론 코코의 능력에 대해서는 여러 이견이 있지만 종간 소통의 과정을 보여주는 예로 지금도 많이 회자된다.

그렇다고 다른 동물에게 관심을 보이고 이들과 어떤 방식으로든 관계를 맺는 것이 모든 동물이 할 수 있는 평범하거나 우연한 일은 아니다. 우리가 가축화를 시작했던 개와 고양이를 먼저 살펴보자. 개, 고양이와 인간의 관계는 아주 특별하다. 특히 개와 인간의 관계 맺음은 인간이 정착생활을 하기 전, 신석기 혁명 시점보다도 훨씬 더 앞서 시작되었다. 인간과 개의 관계는 인간과 동물 관계의 원형이라고 할 만큼 각별하다.

더 특별한 점은 이런 관계를 통해 개와 고양이가 점점 바뀌어왔다는 점이다. 즉 가축화된 종인 개와 고양이는 야생에서 살던 원래의 종이었던 늑대 혹은 야생 고양이와 다른 특성을 갖게 되었다. 다시 말해 인간과 소통하는 능력이 더 강화된 것이다. 이들이 반려동물이 되는 데는 사람의 말과 감정을 이해하고 반응하는 능력이 중요한 역할을 했고 사람과 함께 살면서 이 능력은 더욱 커졌다.

그렇다면 소, 염소, 양, 말과 같은 축산동물은 반려동물과 본질적으로 다를까? 이 동물들은 인간이 먹기 위해서 키우고 있으며 인간에게 축력을 제공해왔다. 이처럼 인간이 마치 도구처럼 이용하기 때문에 축산동물은 인간과 애틋한 관계를 맺지 않을 것이라 생각한다. 그러나 관계 자체의 본질이 아주 다르지는 않다. 축산동물도 인간의 거주지에 같이 살아야 하고 같이 노동해야 하며, 심지어 죽임을 당할 때까지도 인간 곁에 머물러야 하기 때문이다. 이 동물들은 인간에게 의존해서 먹고 인간이 주는 환경 안에서 번식할 수 있도록 변화했다. 결국 인간과 인간의 환경에 적응하고 소통해왔다는 점에서는 크게 다르지 않다.

인간과 동물의 복잡미묘한 상호작용

인간은 인간 사회 안에 동물을 받아들여 여러 가지 용도로 동물을 이용하고 있다. 그러나 이 동물이 죽지 않도록 관리하려면 인간 역시 상당한 에너지를 들여야 한다. 그뿐 아니다. 동물과 함께 살아가면서 인간 사회 역시 변화를 겪었다.

문화와 종교, 그리고 과학과 사상도 모두 동물의 영향을 받았다. 그렇기에 인간 사회가 동물을 받아들인 것은 동물에게도 인간에게도 큰일이었다.

인간은 동물은 인간보다 열등한 존재인 것처럼 혹은 동물과 인간은 같은 수준에서 이야기할 수 없는 존재인 것처럼 여긴다. 하지만 실제로 인간의 삶, 역사, 문화를 놓고 보면 동물은 없어서는 안 될 존재들이었다. 어떤 면에서는 인간보다 더 인간의 특성을 잘 보여주는 대상이었고, 인간이 인간임을 드러내는 데 있어 매우 소중한 객체 혹은 소중한 주체로 쓰였다. 동물 입장에서 보면 인간이 동물의 노동력을 이용하는 측면이 강하다. 그러나 한편으로는 인간이 제공하는 잠자리와 먹이, 맹수로부터의 보호 같은 이익을 얻은 측면도 있었다.

인간과 동물의 관계는 일방적이지 않으며 상호적이다. 이런 관계에서 벗어나거나 이런 관계를 견딜 수 없는 동물들은 인간 사회 속에 남지 않았을 것이다. 결국 이런 관계를 받아들이고 견딜 수 있는 능력을 가진 동물들만이 사람들에 의해 선택되었고 계속 번식했으며 살아남았다.

물론 상호작용이라고는 하지만 인간과 동물의 관계가

양쪽에 모두 공평하게 이루어졌다는 뜻은 아니다. 이 관계 안에서 동물은 다분히 수동적인 상태로 존재하며 인간은 자신의 이익을 위해 동물을 이용한다. 그럼에도 이 과정에서 인간은 동물에 대한 책임이 있음을 인식하게 되었으며, 점차 인간과 관계를 맺고 있는 동물을 이해하고 돌보는 능력을 키워나가게 되었다. 만일 극단적으로 인간이 동물을 착취한다면 그 관계는 계속 유지될 수 없다.

늑대를 인간 사회로 받아들여 개로 가축화하며 함께 살아왔던 인간 역사의 아주 초기 시절을 봐도 그 점을 알 수 있다. 동물과 함께 산다는 것은 그 동물을 책임진다는 의미까지 포함한다. 앞서 언급했듯 인간과 동물의 소통은 서로의 타고난 능력과 경험을 통해 확장되고 발전할 수 있다. 그래서 동물에 대한 공감과 책임은 인간의 문화 안에 깊이 뿌리 내린 오래된 유산이다.

이런 이야기들이 다소 불편하게 느껴질 수도 있을 터다. '현대사회에서 인간이 동물을 이용하는 폭력적인 모든 방법을 상호적 관계라고 이야기하고 넘어갈 수 있는가?'라는 문제 제기도 나올 수 있다. 물론 그렇다는 뜻은 아니다. 본질적으로 인간과 동물의 상호작용이라고 부를 만한 요소

들이 있다는 말이다. 인간이 단지 동물을 '이용'만 하는 것
이 아니라, '관계' 혹은 '소통'이라고 할 만한 측면들도 어
느 정도 있다는 뜻으로 이해해주면 좋겠다.

우리의 경험이 아닌 동물의 경험으로

그렇다면 이런 복잡한 관계를 우리는 과연 어떤 방식으로
이해할 수 있을까? 1900년대 초반 '한스'라는 말이 영리함
으로 유명세를 탔다. 주인이 보기에 한스는 말 치고는 너무
똑똑했다. 간단한 숫자 계산도 할 수 있고 주인이 내는 문
제의 답을 맞힐 수 있을 정도였다. 이 말에 대한 소문이 급
속도로 널리 퍼진 덕분에 주인은 한스를 데리고 쇼를 할 수
있었다.

　이 소문을 접한 학자들은 궁금증이 생겼다. '말의 인지
능력이 얼마나 뛰어난 거지?' 혹은 '그 말이 얼마나 똑똑하
길래 사람이 내는 문제를 맞히고 셈을 할 수 있단 말이지?'
라는 궁금증 말이다. 결국 동물의 행동을 연구하는 학자들
과 심리연구를 할 수 있는 학자들이 모여 한스에 대한 연구
를 시작했다.

　연구 결과는 어땠을까? 사실 말이 스스로 셈을 한 것은

아니었다. 말은 주인이 셈 문제를 낼 때 주인의 반응을 보고 답을 맞혔다. 학자들은 주인이 정답을 이야기할 때의 움직임을 한스가 아주 세심하고 예민하게 감지해서 정답을 맞힐 수 있었음을 밝혀냈다. 주인이 문제를 내면 말이 맞힐 수 있는 정답률이 높고 다른 사람이 내면 그렇지 않았다. 물론 한스의 주인은 그 사실을 받아들이고 싶어 하지 않았다.

이 일화는 동물의 인지 능력이 뛰어나 보이더라도 사실은 그렇지 않음을 증명한다. 우리가 기대하는 만큼, 즉 사람에 버금가는 사고 능력을 가진 동물의 존재는 불가능하다는 것이다. 게다가 동물의 능력을 측정할 때 강하게 영향을 줄 수 있는 요인, 즉 인간 요인이 편향된 실험 결과를 유도하는 경우도 많다. 한스의 이야기는 이런 사례로도 많이 활용된다.

그런데 인간동물관계학에서는 다른 점에 주목한다. '한스는 어떻게 주인의 섬세하고 구체적인 몸짓을 이해하고 소통할 수 있었을까?', '주인이 문제를 내면서 정답을 이야기할 때 특별하게 보이는 몸짓을 어떻게 이해하고 거기에 반응할 수 있는가'에 더 관심을 갖는 것이다. 다시 말해 '인지 능력'이 아니라 인간에게 '반응할 수 있는 능력', 그리고 주인을 포함해 자기가 처한 상황 자체에 반응할 수 있는 능력을 더 중요하게 본다.

이렇게 생각하다 보면 인간과 동물의 관계에 있어서 아주 색다른 결론을 얻게 된다. 동물이 얼마나 똑똑한지, 또 얼마나 감정을 잘 느끼는지에 집중하기보다 인간과 관계를 맺을 수 있는 능력 그 자체에 더 주목해야 하는 것 아닌가 하는 점 말이다.

이처럼 인간과 동물의 관계는 매우 상황적이고 맥락적이다. 그래서 종 차이를 기반으로 인간종과 동물종을 나누어 일반적으로 설명하기가 매우 어렵다. 왜냐하면 종의 전체적인 특성 외에 어떤 한 인간과 어떤 동물 개체 간의 개별적 관계에서 드러나는 것들이 훨씬 많기 때문이다. 바로 한스라는 똑똑한 말과 그 주인의 관계, 그리고 그들의 소통처럼 말이다.

그렇다면 우리는 동물에 대해서 무엇을 더 알아야 할까? 지금껏 우리가 집중했던 포인트는 이런 것들이다. 동물의 인지 능력 수준은 어느 정도인가? 감정을 갖고 있는가? 인간과 얼마나 비슷한가 혹은 인간과 얼마나 다른가? 이제는 조금 다른 관점에서 다른 방식으로 동물을 이해해야 할 필요가 있다.

관점을 바꿔 이런 질문을 던질 수 있다. 인간-동물 관계 속에서 동물이 처한 상황은 어떤가? 동물이 겪는 경험은 어떤가? 동물의 삶, 특히 인간이 만들어놓은 세상 속의 삶은 어떤가? 우리는 동물이 인간과 함께 사는 삶에 대해 이해해야 할 필요가 있다.

동물 없이 인간도 없다

문명의 시작을 함께한 동물들

동물과 인간의 동행은 언제부터 시작되었을까? 기원전 3만 년 이전 구석기 시대부터 인간은 이미 늑대를 길들였던 것으로 보인다. 구석기 사람들은 도구를 만들고 집단으로 사냥을 할 수 있었다. 도구를 발전시켜가며 좀 더 큰 동물들을 사냥하기 시작할 무렵에는 길들인 늑대, 즉 개가 인간의 무리에서 사냥을 도왔다.

덩치가 큰 동물이나 맹수는 인간이 가까이 가서 칼로 싸워 이길 수 있는 대상은 아니다. 이때 개는 아주 큰 도움을 준다. 짖어서 위험한 동물이 나타났다는 신호를 주기도 하고, 그 동물들을 멀리 내몰아 화살로 쏴서 잡을 수 있도록 돕기 때문이다. 이처럼 큰 동물들을 잡을 수 있게 몰아주는 역할을 하면서 인간과 완벽하게 이해를 나누며 활동했던 개 덕분에 초창기 호모사피엔스는 생존 확률을 높일 수 있었다.

한편 소를 가축화하기 시작한 시기는 대략 기원전 8000년에서 8500년 사이로 추정한다. 소는 고기나 유제품을 위해 사육하기도 하지만 짐을 나르거나 농업에 축력을 제공한다. 소에 쟁기를 매단 것은 기원전 2000년 즈음으로 추정된다. 6000년가량을 쟁기 없이 농사를 지은 것이다. 그러다 쟁기를 개발하고 소에 맞는 도구들을 만들고 소가 거기에 반응하면서 인간은 소와 함께 농사를 짓게 되었다. 물론 소와 사람이 합을 맞춰 일하게 되기까지 꽤 많은 시간이 걸렸을 것으로 보인다. 분명 상당한 연구와 노력을 기울여서 이런 방식들을 만들어냈을 터다.

결국 소는 농업 생산성을 높여줌으로써 잉여 자원 마련에 도움을 주었고 이를 바탕으로 인간은 문화를 발전시키는 데 필요한 자원을 충당했다. 조금 더 늦은 시기에 가축화가 이루어진 말은 인간과 정보와 자원을 연결할 뿐 아니라, 이들 간의 이동 속도를 높이는 데도 큰 역할을 했다. 말

덕분에 인간이 관리해야 할 영역이 점점 더 늘어나게 되었다. 고대, 중세, 근대 사회에서 말은 군사적으로도 정치적으로도 중요한 동물이었다. 인류의 역사 초기뿐 아니라 최근까지도 이처럼 많은 동물이 인간의 생존을 도와주고 있다. 이렇듯 인간이 역사적, 경제적으로 발전해나가는 과정에는 동물과 함께한 순간이 꽤 많았을 것으로 추정된다.

인간은 언어와 사고의 상징을 만드는 데도 동물과 함께했다. 인류에게 문자가 없었을 당시에도 우리는 어떤 방식으로든 동물의 상징을 통해서 우리의 사고, 예술, 문화적 영감을 표현하고자 했다.

그 대표적인 예로 2만여 년 전 알타미라의 동굴벽화를 들 수 있다. 그 벽화는 선사인들이 동물을 어떻게 이해하는지를 과학적이고 예술적인 방식으로 묘사한다. 동굴벽화에 묘사된 북아메리카의 토템폴은 부족의 동물 토템을 통해 부족의 전통과 문화 그리고 그들만의 이야기를 상징적으로 보여준다. 동물을 흉내 내고 동물의 영혼을 만나는 다양한 문화권의 민속춤과 제례 의식은 동물이 가진 상징을 통해 역사와 문화를 기록하는 방식이다.

동물은 인간과 문화를 공유하기도 했다. 그 대표적 예로 매장^{埋葬} 문화가 있다. 인간은 매장을 하는 동물이며 이는 특별한 문화적 특성이다. 시신을 매장할 때 보석, 장신구, 갑옷, 쓰던 식기 등을 함께 매장하는 것은 오랜 풍습으로 알려져 있다. 그런데 무덤에 인간과 동물이 함께 매장된 경우가 있다.

한 예로 대영박물관 이집트관에 전시된 고양이 미라는 '바스테트^{Bastet}' 여신에게 봉헌된 것이다. 바스테트 여신은 고양이를 상징 동물로 삼았기 때문에 여신을 모시는 신전에는 고양이 미라가 봉헌되었다. 또한 당시에는 가정에서 키우는 고양이가 죽으면 미라로 만들고 제단을 세워 애도하는 문화가 있었다. 중세 시대 기사들은 자신과 함께하던 말과 같이 묻히곤 했다. 이처럼 전통문화에서 동물을 인간과 함께 묻었다는 것은 무엇을 의미할까? 신성한 동물을 제물로 바쳐 신에게 더 가까이 다가가고자 했거나 매장된 인간과 가까운 동물을 저승으로 함께 보내기 위해 매장했을 수도 있다. 종교적, 문화적 상징에서 바라본 동물은 단순히 인간의 필요에 의해 이용되는 도구 이상이다.

동물 자체의 죽음을 기리는 동물 무덤, 비석, 벽화 안에 그려져 있는 동물의 삶은 그 자체로 의미가 있다. 이런 흔적

들은 동물의 영혼, 동물의 영적인 삶, 동물의 사후 세계 등
이 인간과 비슷하게 여겨졌음을 보여준다. 기사와 함께 전
장을 누비며 동료로서 묻힌 말, 가족 곁에서 친구로 머물다
함께 묻힌 개. 그들은 인간과 동고동락하며 끝까지 함께했
고 때론 동료로 때론 가족으로 곁에 있어주었다. 이런 동물
들은 오히려 인간 사이의 관계를 넘어서는 애착과 친밀감
을 보여준다.

이뿐만이 아니다. 인간이 아닌 다른 동물과 함께 살아가
며 다른 존재들에 대한 지식과 기술을 쌓아간다는 것 자체
가 인류에 미친 영향도 크다. 이런 지식과 기술이 쌓여서
축산학, 수의학, 생물학과 같은 전문 분야가 생겨났다고 볼
수도 있다. 다른 동물종에 대한 연구와 지식이 과학과 의학
을 발전시키는 데 얼마나 큰 도움을 주었는지는 두말할 필
요 없을 정도다.

사회 변화 속에서 동물이 맡은 역할

변화하는 역사 속에서 과학과 기술의 진보는 지속되고 인
간과 동물의 관계 역시 변화한다. 이 변화 안에서 동물은
때로는 피해자가 되고 때로는 변화의 상징이 된다. 20세기

초 영국에서는 이름 없는 갈색 개가 이 역할을 담당했다. 이후에 '갈색 개 사건Brown dog affair'이라는 이름이 붙은 이 사건은 런던 의과대학의 한 실험실에서 시작됐다.

런던 의과대학의 생리학 교수인 윌리엄 베일리스William Bayliss와 어니스트 스털링Ernest Starling은 갈색 개를 해부하는 공개 강의를 열었다. 그 강의에서는 살아 있는 채로 갈색 개의 복강을 열고, 신경을 파헤치는 생체해부를 했다. 문제는 이것이 이 개의 두 번째 생체해부였다는 점이다. 다시 말해 이전에도 살아 있는 채로 이 갈색 개의 생체해부가 이루어졌다는 뜻이다.

이를 목격한 두 명의 스웨덴 출신 여성 의학도가 대중에게 이 문제를 알리며 문제를 제기했다. 이후 생체해부의 잔인함을 알리기 위해 생체해부 반대운동 단체와 다양한 단체들이 힘을 합쳐 배터시 공원에 갈색 개 동상을 세웠다. 이 일을 계기로 동상 설치를 반대하는 의대생들과 충돌이 일어났고 결국은 격렬한 대립 끝에 동상을 철거하기에 이른다. 100여 년이 지난 후에야 새롭게 만들어진 갈색 개 동상이 다시 공원에 설치될 수 있었다.

당시 이 사건은 사회적 약자인 여성과 노동자가 의사와

동물 생체해부 실험을 반대하게 만든 '갈색 개 사건'

과학자 그룹과 대립하면서 사회적인 문제로 불거졌다. 동
물에 대한 비인도적인 처우에 감정 이입을 했으며, 어쩌면
사회적 약자에게도 이 같은 일이 벌어질 수 있다는 우려가
공포와 분노를 일으켰다. 결국 이런 갈등과 대립은 동물

생체해부 실험에 대한 규정이 강화되고 사회적 인식이 높아지는 계기가 되었다.

한편 1960년대는 우주 진출을 두고 소련과 미국이 치열하게 경쟁하던 시기다. 유인 우주선을 우주로 보내는 것은 그중에서도 매우 중요한 과제였다. 유인 우주선을 개발한 러시아는 사람 대신 먼저 다른 생명체를 우주로 보내 실험해보기로 한다. 그 과정에서 선택된 것이 '라이카'라는 개다. 라이카는 모스크바 거리를 떠돌던 개였다고 한다. 러시아인들은 라이카를 잡아서 우주선에 태운 뒤 쏘아 올린다.

생명체가 우주선 안에서 살아남으려면 압력이나 온도가 생존 가능하도록 적절하게 맞춰져야 하는데 당시에는 기술력이 그에 미치지 못했다. 생명체에 적합한 환경을 어떤 방식으로 만들어야 할지 기술적으로 완벽하지 못했던 탓에 실험용으로 라이카를 훈련시킨다. 결국 라이카를 우주선에 태워 올려보냈으나 라이카는 돌아오지 못했다. 우주선의 온도가 너무 높아서 바로 죽었을 거라는 예측이 많다. 인간을 대신해 우주로 쏘아 올려진 건 라이카만이 아니다. 미국의 경우에는 우주선에 침팬지를 태웠고, '햄'이라는 이름을 붙였다. 이런 동물들은 우리가 최초에 우주로 간

스푸트니크 2호에 탑승한 유기견 '라이카'가 그려진 소련의 우표

우주인들을 기억하고 기리는 것과는 다른 방식으로 우리 기억에 남겨져 있다.

1996년 성체 체세포 복제를 통해서 탄생한 최초의 포유류가 화제가 되었다. 영국 에든버러대학 로슬린 연구소와 제약회사 PPL의 이언 윌머트^{Ian Wilmut}와 키스 캠벨^{W. Keith Campbel} 팀은 한 실험 양의 유선세포를 이용해 복제한 양에게 '돌리'라는 이름을 붙였다. 처음 핵치환을 통한 동물 복제의 가능성이 대두된 것은 1950년대였다. 이후 지속적인 기술의 발전이 있었지만, 대중의 큰 관심을 받으며 생명윤리 논쟁을 불러일으킨 첫 번째 사례는 돌리다.

복제인간에 대한 과학적 가능성이 열렸다는 기대와 우

려는 '인간의 영혼이 복제될 수 있는가?'와 같은 종교적이고 신학적인 논의부터 복제실험 금지법 청원에 이르기까지 다양한 사회적 반응을 이끌어냈다. 그러나 당시 과학자들은 인간 복제 가능성이 매우 낮다고 내다봤다.

이러한 생명의학계의 혁명적인 변화는 다양한 동물의 복제 성공과 줄기세포 영역으로의 확장에 힘입어 이후 빠르게 자리를 잡아갔다. 1998년에는 마우스mouse와 소, 다음 해에는 돼지, 2002년에는 고양이, 2003년에는 말과 랫rat의 복제 성공이 보고되었다. 국내 복제 연구팀이 스너피라는 복제견을 학계에 보고한 것은 2006년이었다. 그리고 드디어 2019년, 중국과학원은 세계 최초로 영장류 복제에 성공했다.

이제 과학자들은 인간 복제에 대한 기술적 한계는 없다고 말한다. 과배란 처치, 난자 채취나 대리모 착상과 임신이 인간 여성에게 수행되고 있다. 그리고 이러한 실험의 결과물로 새로운 생명의 탄생이 가능하다는 사실이 대중에게 경각심을 불러일으켰다. 그러나 동물에게서는 이런 점이 문제가 되지 않았고, 여전히 문제가 되지 않는 게 현실이다.

'동물노동자'와의 협업

인간 사회에서 동물은 다양한 노동을 담당한다. 그중에서
도 개는 인간과의 오랜 관계를 통해 전통사회에서부터 현
대에 이르기까지 새로운 업무를 부여받아왔다. 앞서 언급
한 것처럼 사냥은 가장 오래된 개와 인간의 협업 형태다.
사냥개는 중세와 근대, 그리고 심지어는 현대에도 사냥 대
상인 동물을 몰아주는 역할을 한다. 중세 유럽에서는 귀족
의 오락으로 인기가 있었기 때문에 좋은 사냥개를 키우고
돌보는 것이 전문적인 임무이기도 했다. 그레이 하운드나
스패니얼 같은 특징 있는 사냥개들은 주인에게 충성심이
강하고 사냥에서 능력을 보였기 때문에 사랑을 받았다.

　이들은 항상 주인 곁에 머물렀고, 잠자리와 먹을 것을
충분히 제공받았다. 심지어 시중을 드는 사람이 별도로 지
정되어 있을 정도였다. 중세 고려와 조선에서도 사냥개와
사냥매를 진상하는 것은 왕의 환심을 얻는 좋은 방법이었
다. 심지어 매와 사냥개를 잘 돌보는 이정李貞이란 사람은 천
민 출신이었음에도 고려말 충렬왕의 총애를 받아 고위 관
직에 오르기도 했다.

　지역에 따라서 개는 목축에서도 역할을 담당했다. 이는

가스통 페뷔스Gaston Phébus의 『사냥서Livre de chasse』에 담긴 삽화(15세기)

반추류 동물의 가축화와 더불어 개와 인간의 협업이 다른 양상으로 변형된 예로 볼 수 있다. 개의 사냥 습성이 무리 동물을 몰고 보호하며 이끄는 방식으로 전환된 것이다. 가축을 통제하는 목양견과 양과 염소 같은 작은 가축을 보호하는 가축 보호견을 별도로 구분하기도 한다. 이들은 어릴 때부터 돌보는 동물들과 함께 살고 이들과 익숙하며 해를 끼치지 않는 방식, 외부의 공격으로부터 동물을 보호하는 방식을 배운다. 그리고 이는 인간과의 긴밀한 소통과 훈련을 통해 이루어진다. 이 개들은 현대 목축에서도 유사한 노동을 담당한다.

한편 익숙한 사역견(일하는 개)에는 시각장애인 안내견이 있다. 이들은 시각장애인과 함께 걷고 위험을 알리며 곁에 머무르는 역할을 담당한다. 길을 가고 대중교통을 이용하고 식당이나 상점에 들어가는 등 사람이 북적이며 크고 작은 위험이 존재하는 장소에서 시각장애인을 보호한다. 안내견은 기능적인 측면뿐 아니라 정서적으로도 시각장애인에게 안정감과 보호받는 느낌을 줄 수 있다. 적합한 종으로 리브라도 리트리버나 골든 리트리버를 들 수 있으며, 이런 기능을 담당하기까지 2년이 넘는 훈련과정을 거친다.

최근에는 안내견에 대한 사회적 인식이 높아져 이들의 활동이 비교적 잘 알려져 있고, 주위에서도 이들의 활동을 방해하지 않는 에티켓을 지키려는 분위기가 형성되고 있다. 하지만 시각장애인과 안내견의 나들이는 여전히 쉽지 않은 게 현실이다.

그런가 하면 좀 더 특별한 업무를 수행하는 개들도 있다. 경찰이나 군인을 도와 마약 탐지나 실종자 수색, 폭발물 수색, 공항에서 불법 수입 축산물 수색 등 고도의 훈련이 필요한 업무를 담당한다. 업무 투입을 위해서는 강아지 때 이미 선발하고 지속적인 훈련을 통해 능력이 출중한 개체를 가려낸다. 그뿐만이 아니다. 인간 파트너와의 협력이 가능하도록 호흡을 맞추는 지난한 과정이 필요하다.

최근에는 법정에서 두려움을 느낄 수 있는 증인과 동반 입장해 심리적인 안정을 돕거나, 난독증 등 학습에 어려움을 겪는 어린이들, 우울증을 겪는 사람들, 자폐나 장애를 가진 사람들의 사회적 활동을 지원하는 이른바 동물매개 활동animal assisted intervention이 다양해지고 있다.

이처럼 인간과의 협업이 가능해지려면 인간과 같은 목적을 갖고 지속적인 의사소통을 할 수 있는 개의 능력이 중요하다. 그렇다면 인간 사회에서 개의 '노동'은 어떻게 인정받고 있을까?

인간에게 노동은 삶의 수단이자 자아실현의 과정이며 사회화의 의미를 내포한다. 동물에게도 '일'이 즐거움이 될 수 있을까? 그리고 자신의 선택과 선호에 따라 어떤 일을 할 것인지 하지 않을 것인지를 스스로 결정할 수 있을까? 누군가의 소유물인 동물이 생산하는 노동의 산물은 소유주에게 온전히 귀속되는 것일까?

최근 사회학, 정치학, 철학 등 다양한 분야의 학자들이 동물 노동에 대한 논의를 시작했다. 이런 논의는 동물의 주체성이나 행위성과 같이 지금까지 인정하기 어려웠던 동물 그 존재에 대한 물음부터 인도적인 노동환경이 동물에게 어떻게 적용될 수 있는지에 대한 실천적인 질문까지를 포괄한다.

동물 노동을 연구하는 켄드라 콜터Kendra Coulter 교수는 동물에게도 좋은 노동과 일자리가 있을 수 있으며, 서로 다른 종인 인간과 동물이 함께 하는 일에서 동물도 즐거움과 이익을 얻을 수 있다고 주장한다. 물론 그러기 위해서는 동물의 상태를 살피고 보호하려는 인간의 노력이 중요하다.

현장에서는 동물이 참여하는 노동의 특성에 따라 다양한 측면에서 제도가 마련될 수 있다. 예를 들면 동물매개활동에 참여하는 개의 건강과 복지 상태를 살핀다거나, 사역견의 노동과 복지 기준을 설정한다거나, 이들의 은퇴 후 삶을 보장하는 등의 일 같은 것들이다. 이처럼 구체적인 전략이 제도적으로 정비되어야 인간과 동물, 서로가 즐거움과 이익을 얻을 수 있다.

동물에 대한 모순된
시선을 해결할 수 있을까

동물이 인간다울 필요는 없다

동물은 역사 안에서 인간과 함께해왔다. 그러나 인간은 이런 동물에게 모순적이고 이기적인 태도를 취해왔다. 인간 동물학자인 할 헤르조그^{Hal Herzog}가 지적하는 것처럼 우리는 동물을 먹고 사랑하고 동시에 혐오한다. 동물에게 생존을 기대고 있지만, 이들이 인간보다 하등하며 인간과는 다른 존재이기 때문에 인간과 동물 관계에 대한 책임을 가볍게 여긴다.

　인간은 자신이 동물과 어떻게 다르고, 어떤 면에서 동물보다 우월한지 증명하며 그것을 진정한 인간다움의 증거로 삼았다. 그러면서도 동물에게 인간의 덕목을 바라기도 한다. 술에 취해 잠든 주인을 구하기 위해 온몸으로 불을 끈 '오수의 개'는 희생과 충정의 상징이다. 기르던 주인이 죽자 주인이 오가던 역 앞에서 9년을 기다렸다는 '하치코'라는 일본의 개도 충성심을 기려 기념비가 세워졌다.

동물이 보이는 이런 식의 충성심과 희생은 어쩌면 인간이 인간에게 원하는 덕목들인지도 모른다. 즉 동물을 이용해 자신들이 갖고 싶은 미덕을 드러내고 강조하는 것이다. 동물에 대한 우호적인 태도 역시 이런 모순에서 벗어나지 못한다. 인간과 달리 동물은 미완성이기에 한없이 가여운 존재로서 보호받아야 한다거나, 인간에게 한없는 애정과 충정을 보이기에 가치가 있다고 여긴다면 어떤가? 이것 역시 동물 그 자체에 대한 존중은 아니다.

인간과 동물을 구별하지 않기

인간의 역사를 보면 많은 순간 동물은 인간을 대신해 실험의 대상이 되었고 위험을 감수했다. 인간을 대신해서 인간보다 먼저 인간이 가야 할 곳을 탐험하고 개척했다. 또 인간을 도와 복잡하고 어려운 임무를 달성했다. 그러나 동물에게 주어진 자리와 자격은 협소하다. 동물의 노동은 노동으로 인정받기보다는 당연한 기능으로 여겨진다. 인간이 이용하는 자원으로서의 동물은 단백질과 가죽의 제공원에 불과하다.

이 과정에서는 동물인 인간이 강조된다. 동물인 인간이 먹고 쓰는 것이기에 자연의 다른 동물들처럼 먹고 먹히는 것에 큰 의미를 둘 필요가 없다고 생각한다. 오히려 중요한 것은 값싼 소비품으로서의 동물을 경제적으로 생산하는 것이다. 그 안에서 동물이 겪는 상황은 인간의 이득에 비해 그다지 중요하지 않은 것으로 여겨진다. 왜냐하면 싼 축산물을 제공하는 것은 인간에게 부족한 영양을 제공한다는 의미이며, 이는 인간의 생존에 중요하기 때문이다. 이 상황에서 인간이 긴 세월 동안 이 동물들을 길들이고 돌보고 적응시키는 데 사용한 노력은 오히려 문화로서 존중받지 못한다. 전통적인 목축과 축산에서 인간과 동물의 관계는 무시된다.

인간이 만드는 환경은 과학과 기술을 통해 급격하게 변화했다. 특히 도시화가 진행된 최근 100여 년간 인간은 자신이 길들여온 동물에게도 곁을 내주지 않았다. 인간은 계속 새로운 경계를 만들어내며 동물을 밀어내고 혐오하고 관리한다. 사실 동물들은 늘 그 자리에 있었다. 달라진 것은 그 동물들을 둘러싸고 있는 인간의 공간이다.

그 와중에 경계에 갇힌 동물들, 길고양이, 들개 같은 동물들은 배척당하고 제거되기도 한다. 이들과 본질적으로 다르지 않은 반려동물인 개와 고양이는 집안으로 받아들여진 덕분에 애정과 관심의 대상이 된다. 그러나 이들 역시 행동을 제어받고 인간의 훈육을 따라야 하며, 동물로서의 속성을 드러내기 힘든 상황에 놓인다. 때로는 학대와 방치에 노출되기도 한다. 도시와 멀어진 농장에서는 동물이 어떻게 사육되는지, 어떻게 이동되고 도살되는지 가려져 있어 실태를 파악하기 어렵다.

동물에 대한 인간의 모순적인 태도를 성찰하는 데 있어서 가장 중요한 일은 인간중심주의에서 벗어나는 것이다. 인간이 만들어온 역사와 문화와 과학과 공간 안에서 동물은 어떻게 살고 있을까? 인간은 동물과 함께 살아가는 존재다. 그렇다면 동물의 삶에 대해서도 고민할 필요가 있지 않을까?

왜 인간은 다른 동물에 비해 더 높은 계
급인 양 행동하고 인식하는가?

어떤 종이든 마찬가지겠지만 인간은 인간으로서
인식할 수 있는 것, 인간이 구성할 수 있는 세계에
대해서만 알 수 있다. 그렇기에 나 자신이 제일 특
별하다고 생각할 수밖에 없다. 지구상에서 이러
한 지적 수준, 기술적 수준을 유지하는 생물종은
인간뿐이다. 인간 스스로 다른 생물종에 비해 우
월감과 높은 계급 의식을 갖고 행동할 수밖에 없는
조건들이 형성돼 있는 셈이다.

인간이 생물종으로 분류되기는 하나 인간은 스스로를 동물계에서 분리하고 있는 모양새다. 그래서 여태껏 인간 사회는 동물을 이용하는 데 큰 제약을 받지 않았으며 동물을 소유하고 판매하고 죽일 수 있었다. 그러나 인간이 인식하지 못하는 세계에는, 인간에게 없는 능력을 소유한 동물들이 많이 존재한다. 예를 들어 돌고래와 박쥐는 인간의 청음 범위 밖의 소리를 들을 수 있다. 야행성 포유류와 조류는 어둠 속에서 인간보다 더 잘 볼 수 있다. 늑대와 개는 인간과 비교가 안 되는 후각적 능력을 지니고 있으며, 거북류는 인간의 수명보다 훨씬 긴 세월을 생존한다. 그러나 인간은 이런 사실을 크게 중요하게 생각하지 않는다.

200여 년 전 영국의 법학자 제러미 벤담 Jeremy Bentham은 새로운 차원의 윤리적 논거를 제시했다. 이미 인간과 같은 인지적 능력을 지녔다거나 언어를 지녔다는 점 때문이 아니라 고통을 느낄 수 있다는 점에서 인간과 동물을 차별할 수 없다는 것이다. 최근의 철학자들은 동물의 개별성과 주체성

그리고 관계성에 더 관심을 두고 있다. 인간이 다른 동물에 비해 더 높은 계급이라는 인식은 중세시대 신학적 질서에 따른 '존재의 사다리scala naturae' 수준에 머무르는 것이다.

개와 늑대의 유전자는 거의 비슷하다.
그런데 윌리엄스 보이렌 증후군Williams
Beuren syndrome의 원인이 되는 유전자는 개
에서만 발견된다. 왜 그런가?

윌리엄스 보이렌 증후군은 신체의 발육 부전과 정신 지체, 시각과 운동 통합 능력 부족을 증상으로 하는 사람에게 생기는 희귀질환이다. 이 증후군은 친절하고 외향적인 성격과 말투, 집중력 부족과 같은 성격의 특성을 가져오는데 7번 염색체의 결실로 인해 생기는 특정 단백질 부족에 의한 것으로 알려졌다.

2017년 진화생물학자인 폰 홀트Brigett von Holdt

연구팀이 개의 과도한 친밀성이 개의 6번 염색체의 변이에서 오는 것임을 밝혀냈으며, 이것과 사람의 윌리엄스 보이렌 증후군을 유발하는 유전물질 사이의 유사성을 밝혀냈다. 연구팀은 사람에게 친화력을 보이는 개의 유전자 변화를 통해서 종을 넘어 사회성에 영향을 미치는 유전적 매커니즘을 밝혔다고 주장했다. 그럼 인간에 대한 개의 다정함은 '유전적 질환'일까?

해답을 찾기 위해 인간이 개를 길들이는 과정을 재현하는 다양한 실험이 이루어졌다. 인간에게 먹이를 받아먹으며 좀 더 친화성을 보이는 개를 교배하면 세대를 거듭하면서 보다 더 길들여진 후손이 태어난다. 늑대 입장에서 보면 야생성을 잃고 길들여지는 것 자체가 유전적 결함으로 보일 수도 있다. 그러나 늑대는 개의 선조격인 야생동물이기는 하나 개와는 사뭇 다른 동물이다. 신체의 형태나 기능에서 유전적 차이가 있다. 따라서 이런 점은 인간과 관계를 맺는 데 유리하기 때문에 개의 입장에서는 결함이라고 보기 어렵다.

2부_____

왜

어떤 동물은 죽이고

어떤 동물은 사랑하는가

인간은 상당히 이기적이고 자기중심적이다. 그런 인간과 함께 인간들이 일구고 변화시킨 세계에서 살아가는 동물들은 어떨까? 많은 동물이 인간의 필요에 의해 생산되고 소멸한다. 또 인간을 대신해 짐을 지거나 인간에게 봉사하고 인간의 질병을 대신 앓으며 인간에게 위안을 주기도 한다. 인간을 위해 쓰이고 버려지는 동물들, 그들에 대해 살펴보자.

우리 식탁에 오르기 위해
만들어지는 동물들

우리는 얼마나 많은 동물을 먹을까

인간은 여러 축산동물을 키우면서 살고 있다. 축산동물을 농장동물, 산업동물, 식용동물 또는 대동물이라고 부르기도 한다. 말 그대로 산업적 목적, 특히 축산업에서 생산하는 동물이라는 뜻이며 먹기 위해 키우는 동물, 덩치가 큰 동물이라는 뜻도 포함되어 있다. 여기서는 산업적인 의미로 축산동물이라고 칭하겠다.

그중 대표적인 동물인 소를 먼저 살펴보자. 전 세계에 살고 있는 소는 얼마나 되며 또 얼마나 많은 수의 소가 도살당할까? 2023년 기준 전 세계에 약 9억 4000만 마리의 소가 살고 있는 것으로 추산된다. 그리고 이들 중 한 해 동안 약 3억 마리 정도가 도살당한다. 쉽게 말해 인간이 1년 동안 약 3억 마리의 소를 먹어 치운다는 의미다. 유엔식량농업기구의 통계에 따르면 1961년 도살된 돼지의 수는 약 5억 마리, 2021년 도살된 돼지의 수는 10억 마리 이상으로, 거의 2배 가까이 증가했음을 알 수 있다. 도살되는 닭의 숫자 역시 1961년 약 100억 마리에서 2021년 600억 마리 이상으로 늘어 무려 6배 가까이 증가했다.

우리나라의 경우 2023년 현재 약 350만 마리의 소가 살고 있으며, 그중 2022년도 한 해 동안 약 100만 마리가 도살됐다. 매년 이 정도 규모의 소가 인간의 식량이 되기 위해 도살된다.[1] 달리 말해 약 10억 마리의 소가 현재 인간과 함께 지구상에서 살아가고 있다는 뜻이다. 돼지와 닭의 수도 적지 않으며 현재 그 숫자는 늘어나는 추세다. 2023년 현재 우리나라에는 약 1000만 마리의 돼지가 살고 있으며, 약 1억 7000마리의 육계가 살고 있다. 2022년 한 해 동안 돼지 약 1800만 마리, 닭은 약 10억 마리가 도살됐다.

이렇게 많은 동물이 우리와 함께 살아가고 있다는 사실이 새삼스럽다. 더 새삼스러운 것은 이런 동물들을 이야기할 때 그 누구도 "이 동물들이 우리나라에 살고 있어요."라

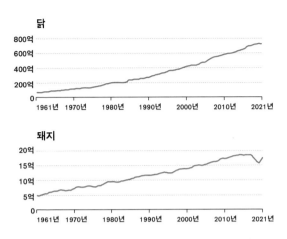

닭

돼지

1961년부터 2021년까지 전 세계에서 연간 도축되는 동물의 숫자[2]

고 말하지 않는다는 점이다.

　잘 생각해보자. 사실 이 동물들은 지금 우리와 같이 먹고 마시고 배변하고 잠을 자면서 살아간다. 이제 다시 수치를 살펴보자. 이 숫자가 어느 정도인지 가늠하기 위해 우리나라 인구수와 비교해보자. 현재 우리나라 인구는 5000만명이 넘고, 경기도 인구수만 1341만 명 정도로 추정된다. 이 숫자들로 가늠해보자면 얼마나 많은 돼지와 닭이 사는지 가늠해볼 수 있다. 국내 지역별 축산 규모를 살펴보면 이 동물들은 특정 지역에 집중적으로 분포해 있는데 특히 인간이 사는 큰 도시 외곽에 가축들이 밀집 사육된다. 이처럼 인간이 밀집함과 동시에 동물들도 같이 밀집해 있음을 알 수 있다.

밀집하는 이유는 간단하다. 근대 도시화가 진행되면서 도시에서 동물을 키우고 도살하는 시설은 도시 밖으로 밀려났다. 축산 시설이나 도살 시스템을 도시 한복판에 놓는 것은 환경이나 위생에 문제가 되기에 이런 시설들은 도시 근교로 밀려날 수밖에 없었다. 그러나 도살한 동물들을 시장으로 옮겨가야 하므로 너무 멀리 떨어져 있으면 안 된다. 대중의 육류 소비가 증가하면서 싼값에 육류를 제공해야 할 필요가 생겨났다. 농가에서 가축 몇 마리를 키우던 전통적인 축산 방식으로는 수요를 공급할 수 없는 상황이 되면서 축산업은 점차 밀집화, 자동화되고 점점 더 그 규모를 키워왔다.

축산업에서 배출되는 축산 분뇨는 수질과 토양 오염 그리고 악취의 원인이며 축산업과 관련된 산업 전반에서 야기되는 온실가스는 지구온난화의 주요 원인으로 알려져 있다. 농림축산식품부 실태조사 자료에 따르면 우리나라에서만 가축분뇨가 연간 약 5000만 톤이 생산된다. 축산

시설은 지역에서 기피 시설로 취급받는다. 따라서 작은 공간을 사용해 효율성을 높여야 한다. 따라서 현대식 농장에서는 동물 한 마리에게 주어지는 공간이 적을 수밖에 없다.

오로지 먹히기 위한 돼지의 일생

이런 상황에서 동물의 삶은 어떠할까? 축산동물 중 덩치가 큰 축에 속하는 돼지의 삶을 한번 생각해보자. 엄마 돼지는 114일의 임신 기간을 거친 후 대개 8~12마리 정도의 새끼를 낳는다. 최근 생산성의 향상으로 국내 모돈 두당 출하 두수는 18마리에 이른다. 어미 돼지는 분리된 모돈사와 분만틀에 갇히는데 새끼 돼지가 덩치 큰 어미에 깔리지 않도록 어미의 움직임을 제한한다.

이 새끼들은 젖먹이 기간이 지난 다음 180일 정도 키우고, 120킬로 정도 되면 도살한다. 경제적 효율성을 위해서는 밀집 사육이 필요한데, 이처럼 한곳에 밀집된 돼지들은 서로 싸우기도 하고 물어뜯기도 하다가 다칠 위험이 크다. 그래서 다치는 것을 막기 위해, 다시 말해 공격성을 없애기 위해 돼지의 꼬리를 자른다. 또 사람들이 원하는 육질을 얻기 위해 거세를 한다. 대부분의 경우 돼지의 거세는 마취

없이 이루어진다. 그러나 어떤 새끼 돼지는 비육 단계까지
도 가지 못하고 도태된다. 건강하지 못한 새끼 돼지, 사료
를 많이 먹어도 살이 찌지 않는 몸이 약한 돼지는 새끼일 때
이미 죽임을 당하기 때문이다. 경제성이 없는 축산동물은
제거된다. 돼지의 일반적인 삶은 이런 식으로 진행된다.

그럼 이번에는 돼지들이 사는 축사를 살펴보자. 돼지 축
사는 냄새도 나고 벌레도 많이 꼬일 뿐 아니라 여러 해충이
나 쥐 등도 많기 때문에 사람들이 싫어하는 시설이다. 당연
히 사람들이 사는 곳에서 점점 멀어지는 경향을 보인다. 그
렇다 보니 우리는 돼지가 어떻게 사는지 실제로 볼 일이 거
의 없다.

가정마다 돼지를 한두 마리씩 키웠던 예전에는 돼지가
어떻게 사는지, 돼지한테 밥을 누가, 어떻게 주는지까지 모
두가 알 수 있었다. 하지만 지금은 당연히 그런 상태가 아
니다. 특히 전염병 때문에 돼지 농장에 드나들 수 있는 사
람들이 제한되다 보니 더욱 더 일반에 공개되지 않는다. 포
장된 고기를 구입하는 소비자는 돼지가 어떤 식으로 사육
되는지 알 수 없다.

축산 환경이 열악하면 그 안에서 일하는 노동자의 삶도

열악해진다. 얼마 전 보도된 뉴스를 많은 독자가 기억하고 있을 터다. 돼지 똥과 오줌이 그득한 방에서 10년간 일하던 이주 노동자가 숨진 사건 말이다. 축산 환경이 열악해지고 일이 힘들어지면서 축산 농장의 노동자 대부분이 이주 노동자로 교체되었다. 노동환경이 열악하다 보니 이들은 보건상의 위험에 노출되어 있다. 돼지 분뇨에서 나오는 화학 물질인 암모니아, 황화수소 등이 가득 찬 방에서 생활하기 때문에 질식을 비롯해 여러 건강 문제를 일으킬 수 있다.

그런데 가만히 생각해보면 돼지는 그 열악한 환경에서 평생을 살아간다. 결론적으로 돼지도, 그 돼지를 돌보는 인간도 모두 건강에 위해를 주는 공간에서 같이 살고, 일 한다는 이야기다. 돼지의 삶 자체가 함께 살아가는 인간의 삶에도 영향을 미치는 것이다. 우리가 그 현장을 직접 겪고 있지 않다고 해서 아무 상관이 없을까? 우리가 먹을 값싼 육류를 생산하기 위해 누군가 이런 환경에 노출된 채 생활하고 있다면, 우리 역시 이 환경을 만들고 지속하게 만든다는 책임에서 자유롭지 못하다. 그러면 축산업에서 돼지 농장만 열악한 상황일까? 소나 닭이 사육되는 환경 역시 크게 다지 않다. 이런 양상은 축산동물을 둘러싼 모든 곳에서 나타난다.

물론 전통적인 형태의 축산이라고 해서 반드시 위생적이거나 동물에게 우호적이었다는 뜻은 아니다. 그때 당시에는 사람이 동물과 함께 한 지붕 아래서 자고 먹으며 생활을 하기도 했다. 먹이가 될 수 있는 식물이 풍부한 곳을 찾아 인근 숲속에 방목하는 경우도 있어서 동물의 질병에 대한 대책이나 영양 관리 측면에서도 열악한 면이 있었고, 축사의 위생과 축산 시설도 부족했다. 지금과는 또 다른 종류의 열악함이라 할 수 있다.

그러나 농업이 주 산업인 사회에서 축산동물은 인간에게 익숙했고 이들이 사는 모습은 공개되어 있었다. 현재는 어떤가? 대부분의 사람이 이런 과정에 참여하지 않기 때문에 축산에서 인간과 동물이 보이지 않게 가려져 있다. 그런 이유로 그곳에서 어떤 일이 벌어지는지 잘 알지 못한다. 이런 점이 전통적 축산과 현대적 대규모 축산의 가장 큰 차이점, 가장 큰 변화라 할 수 있다.

공장식 축산을 포기하기 위한 노력

사람들은 현대의 집약식 축산 현장에서 동물과 사람이

놓인 환경에 대해 알게 되면 마음이 불편해진다. 그럼 이런 질문을 할 수 있다. '우리가 공장식이라고 부르는 축산 산업 자체를 포기할 수 있을까?' 사실 이런 질문이 사회적으로 파장을 일으킨 것은 대규모 축산이 자리를 잡기 시작하던 제2차 세계대전 이후다. 작은 규모의 농장이 아니라 산업화·전문화된 축산 시스템이 발달하고 빠르게 고기를 생산할 수 있는 품종과 사육 방법, 사료가 개발되었다. 이런 시스템에서 동물이 가진 생물로서의 자연스러운 욕구가 발현되기란 어려운 일이다. 그뿐만이 아니다. 빠른 생장과 체중 증가를 위해 항생제와 호르몬제 등이 동물에게 투여되었다.

작가이며 동물보호운동가인 루스 해리슨Ruth Harrison이 1964년에 발표한 고전『동물 기계』는 공장식 축산과 그 안에 놓인 동물들이 처한 현실을 알리며 사회적으로 큰 파장을 불러일으켰다. 이 책에서 해리슨은 과도하게 밀집해 동물을 사육하는 축산 환경이 비인도주의적이고 경제성이나 효율성 측면에서도 지속 가능하지 않음을 알렸다. 나아가 시민들이 인식을 바꾸고 축산업을 변화시키는 데 동참할 것을 주장했다.

해리슨의 책은 영국의 동물복지 연구와 관련 제도가 생겨나는 계기를 만들었다. 1965년 영국 정부는 사회적 논의를 받아들여 전문가 위원회를 통해 농장동물의 상황을 점검하고 이 상황을 개선하기 위한 자문을 받았다. 당시 연구 조사팀을 이끌었던 로저 브람벨Roger Brambell 교수는 공식 보고서를 통해 축산에서 동물이 가진 행동학적, 생리학적 요구를 고려해야 한다고 결론 내렸다. 그리고 공장식 축산이 동물의 고통을 유발하고 동물복지에 악영향을 줄 수 있으므로 동물에게 충분한 공간과 환경 풍부화가 필요하다고 제안했다. 물론 이 의견이 바로 법적·제도적으로 극적인 변화를 가져온 것은 아니다. 하지만 보고서가 제안한 원칙은 이후 동물복지의 기본 원칙으로 발전했으며 세계 각국의 동물보호와 동물복지법이 이 원칙에 기반한다.

우리나라 동물보호법도 제3조 '동물보호의 기본 원칙'에 동물이 본래의 습성과 몸의 원형을 유지하고 정상적으로 살 수 있을 것, 갈증과 굶주림을 겪거나 영양이 결핍되지 않을 것, 정상적인 행동을 표현하고 불편함을 겪지 않도록 할 것, 고통 및 상해와 질병으로부터 자유롭도록 할 것, 공포와 스트레스를 받지 않도록 할 것 등의 항목이 명시되어 있다. 덧붙여 우리나라 동물보호법은 동물복지 축산인증 제도를 갖추고 있다. 따라서 동물복지 기준을 준수하는 인증 농장은 국가로부터 자문과 지원을 받을 수 있다.

『동물 기계』가 촉발시킨 문제에 대해 지난 50년간 사회는 다양한 해답을 생각해왔다. 과연 우리는 공장식 축산을 근본적으로 포기할 수 있을 것인가? 공장식 축산을 포기한다는 건 정확히 어떤 의미일까? 인도적이고 지속 가능한 방식의 축산은 어떤 형태일까? 현대 축산에서 윤리적 소비가 가능할까? 어쩌면 육식 자체를 멈춰야 하는 것은 아닐까? 이런 자각에도 불구하고 축산업은 현재 인류의 역사상 가장 큰 규모로 확장되었고, 공장식 축산 시스템 안에서 가장 많은 수의 동물이 살고 있다.

당장 축산과 육식을 그만두지 않는다 해도 점진적인 변화가 불가능한 것은 아니다. 동물이 본래의 습성을 드러내며 살 수 있는 환경을 조성하는 동물복지 농장이 대안으로 시도되고 있다. 그러나 동물이 아예 존재하지 않는 다른 형태의 농장도 불가능한 것은 아니다. 최근에는 대안 중 하나로 대체육이나 배양육이 관심을 끌고 있다. 세계적으로 대체육 시장은 수십억 달러 규모이며, 타이슨 푸드, 네슬레와 같은 세계 유명 축산물 회사나 벤처 투자자, 인도주의 기업과 정부 기관들이 배양육 사업에 투자하고 있다. 제2차 세계대전이 끝난 직후 공장식 축산이 새로운 흐름으로 자리잡던 당시에는 선택지가 많지 않았다. 하지만 지금은 다양한 선택지가 있다. 그 선택지 중에서 우리는 어떤 것을 선택하고 어떤 것을 포기해야 할까? 우리가 하는 선택에 따라 축산의 미래 모습과 그 안의 인간, 그리고 동물의 삶이 달라질 것이다.

지구의 역사에서
사라져가는 멸종위기종

인간이 가속화시키는 위기

공장식 축산으로 수가 크게 증가한 동물이 있는가 하면, 반대로 그 수가 점점 줄어드는 동물들이 있다. 많은 동물이 지구온난화나 인간이 바꾼 환경에 적응하지 못하고 서서히 사라지는 추세다. 사라질 위험에 처한 동물들을 '멸종위기종'이라고 한다. 생태계의 생물종 수가 줄어들고 이들이 살고 있는 서식지가 훼손되는 생물다양성의 위기는 전 지구가 겪고 있는 문제다. 생물다양성 위기의 가장 큰 원인으로는 농업 개발이나 도시화로 인한 서식지 훼손, 지구온난화와 같은 기후 변화, 환경 오염, 자원 남용, 외래종 도입 등이 언급된다.

세계자연기금에서 발표한 멸종위기의 지구 생물종 약 9만 6500종[3]

　야생동물을 보전하는 NGO 단체인 세계자연기금에서 내놓은 통계를 살펴보자. 우선 지구 생물종 중에서 9만 6500종이 멸종위기인 것으로 나타났다. 양서류의 경우 40퍼센트, 포유류는 25퍼센트, 조류는 14퍼센트 정도가 현재 멸종위기에 처해 있다는 이야기다.

　1970년대 이후 야생생물의 69퍼센트가 감소했다. 대체로 라틴아메리카나 아프리카, 아시아 지역에서 멸종위기종 문제가 심각하다. 경제적으로 어려운 지역들, 아직 개발이 더 이루어져야 하는 지역에서 멸종위기종 문제가 훨씬 더 심각하다는 뜻이다. 그러나 이는 특정 지역만의 문제는 아니다. 이들 지역에서 문제가 더 심각하다는 것일 뿐 멸종 위기종 문제는 현재 우리 모두가 겪는 공통의 위기다. 과학자들이 예측한 바에 따르면 지금 우리가 아무런 조치도 취하지 않는다면 2300년경에는 지구온난화로 인해 바다 생물종 대다수가 멸종위기에 처할 것이라고 한다.

과거 공룡이 한꺼번에 멸종하고, 고생대 큰 곤충들이 한꺼번에 사라졌던 대멸종이 있었다. 과학자들은 지질학적 시기로 봤을 때 이번 세기 내에 대멸종에 버금가는 유사한 멸종이 일어날 것임을 경고한다. 물론 이런 경고에는 항상 단서가 달린다. '우리가 바로 지금 아무것도 하지 않는다면' 말이다.

지구의 역사에서 동물이 사라지는 것은 일반적인 현상 아닐까? 어떤 동물들은 자연스레 멸종되기도 하고, 어떤 동물들은 진화에서 살아남기도 한다. 무언가는 생성되고 무언가는 소멸하는 것이 일반적인 자연의 원리라고 생각할 수도 있다. 그러나 여기엔 중요하게 짚고 넘어갈 것이 있다. 그 소멸의 속도와 정도가 어느 정도냐 하는 점이다. 그리고 인간이 이 멸종의 속도와 정도에 영향을 미쳐왔다는 점도 중요하다.

영국왕립학회는 이와 같은 인간에 의한 멸종 가속화 현상을 심각하게 보고 있다. 1500년을 기준으로 이전에 존재했던 조류의 1.6퍼센트가 멸종했다. 포유류의 멸종은 1.9퍼센트였다. 1900년 이후에는 매년 멸종하는 종의 비율이 가파르게 증가하는 추세다. 과거에 비해 최근에는 100배 이상 빨라졌다.[4]

동물이 사라진다는 것은 어떤 의미일까? 생태계라는 시스템 안에서 모든 생물은 서로 연계되어 있으며, 서로를 지원한다. 따라서 하나가 사라지면 다른 종이 그것을 대체해주는 게 쉽지 않다. 때론 하나의 종이 멸종하고 그것이 연계된 다른 동물과 식물에게 영향을 미쳐서 생각지 못한 변화와 파장을 불러오기도 한다. 현재 우리가 처한 상황은 어떨까? 하나의 종이 사라졌을 때 다른 생물들이 어떤 영향을 받고 어떤 파장을 일으킬지, 우리가 계산하지도 못할 정도의 속도로 변화가 일어나고 있다.

생물다양성은 건전한 생태 시스템의 기본이다. 다양한 생물이 어우러져 서로를 보완하고 도와주며 균형을 이뤄야 생태계가 안정적으로 유지된다. 이러한 기본이 무너졌을 때 균형이 깨지고 여기저기서 생각지 못한 문제들이 발생하는 건 너무 당연한 일이다.

또한 인간 사회에서도 특정 동물이 멸종한다는 것은 무거운 의미를 지닌다. 인간의 문명과 생존, 농업 생산의 바탕이 되는 요소들이 없어지기 때문이다. 생태 환경 자체가 변화하고 있으므로 우리가 지금 알고 있는 색깔, 지금 알고 있는 냄새, 지금 알고 있는 풍경이나 자연의 아름다움 같은 것들을 다시는 경험하지 못할 수도 있다.

다시 말해 이런 추세로 변화가 계속된다면 시간이 흘러 우리 후대에서 50년쯤 지났을 때는 많은 동물과 식물이 멸종하고 환경이 지금과 완전히 달라진다는 뜻이다. 따라서 동물이 사라진다는 건 단순히 자원이 손실된다는 의미로만 해석될 수 없다. 동물의 사라짐은 인간과 지구 전체에 영향을 미친다.

벼랑 끝으로 내몰린 동물들

종의 멸종이라는 변화가 동물 개체에는 어떤 영향을 미칠까? 인간의 토지 이용 방식이 변하면 그곳에 서식하고 있던 동식물종은 살 곳을 잃게 된다. 따라서 먹을 것과 물, 쉴 곳을 찾기가 어려워지고, 이들 개체가 고통과 어려움을 겪을 것임은 너무도 명확하다. 이로 인해 스트레스나 영양 결핍, 질병에도 취약해진다. 또 개체 수가 줄기 때문에 자손들의 유전적 다양성이 감소하고 이는 다시 유전 질환과 질병에 대한 취약성, 생식 능력 저하와 같은 위험을 증가시켜 악순환이 지속된다.

때로는 서식지 훼손뿐만 아니라 인간의 직접적인 공격에 노출되기도 한다. 불법으로 야생동물을 사냥하거나 밀렵으로 포획하기도 하고, 단순히 야생동물의 뿔이나 뼈를 이용하기 위해 독살하는 경우도 있다. NGO 단체인 세계동물기구가 정리한 바에 따르면 지금도 밀렵 시장의 거래 규모는 50~230억 달러에 이른다. 매년 아프리카에서 2만 마리 이상의 코끼리가 불법 포획되고 있으며, 남아프리카 공화국에서 적발된 코뿔소 밀렵만 해도 2022년 기준 400마리 이상이었다. 이런 폭력에 노출된 야생동물은 고통스러운 죽음과 부상 그리고 무리의 해체를 경험한다. 밀렵을 막기 위해 각국 정부와 NGO 단체가 힘을 쓰고 있지만 쉽지 않다. 이 과정에서 인명 피해를 입기도 할 만큼 위험이 따르는 일이기도 하다.

우리나라에서는 총 60여 종의 멸종위기 야생생물 1급과 207종의 멸종위기 야생생물 2급이 지정되어 있다. 이 중 포유류와 조류는 각각 20종과 63종이다. 또한 야생동물을 구조하고 재활해 방사하기 위해 전국 지자체에 16곳, 환경부가 지정한 세 곳의 야생동물구조관리센터가 설치되어 있다.

이곳에서 구조한 야생동물은 매년 증가하는 추세다. 2023년에는 2만 마리 이상의 동물이 구조되었고 이 중 35.9퍼센트는 치료와 재활 후 다시 방사되었다. 이들은 길을 잃은 채 헤매고 있거나 차량과 충돌한 채로 구조되었다. 조류의 경우에는 투명창이나 방음벽에 충돌하거나 조류인플루엔자 같은 질병에 감염되어 사체로 발견되거나 구조되는 일이 많다.

최근 강원도의 폭설 때문에 고립된 산양이 굶어서 죽은 안타까운 사례가 보도되기도 했다. 국내에 생존하는 산양은 2000마리 정도로 추정되는데 이 중 270여 마리가 겨울 한 계절에 폐사한 것이다. 이들은 먹이를 구하러 인가로 내려오는데 그 과정에서 로드킬을 당하기도 한다. 일부 전문가들은 아프리카돼지열병에 감염된 멧돼지를 막기 위해

쳐둔 펜스가 산양의 고립을 심화시켰다고 보기도 한다. 산양의 경우가 아니더라도 로드킬을 당하는 동물은 매년 증가하는 추세다. 멸종위기종인 노루의 경우도 한해 3000건이 넘는 로드킬이 보고된다.

한편, 파랑볼 우럭이나 큰입배스, 황소개구리, 붉은귀거북 등 외래종 생물은 국내 생태계에 유입된 후 강한 적응력으로 자생종 생물과 서식지 경쟁에서 우위를 차지한 후 다른 자생종 생물을 포식해 이들의 생존을 위협한다. 한때 농가 사육을 위해 수입했던 뉴트리아가 생태계로 유출되어 서식지의 식물이나 농작물에 피해를 주어 문제가 된 적이 있다.

이런 외래종 생물은 불법으로 유통되거나 방사되어서 유출된 것으로 이를 퇴출시키는 과정이 쉽지 않다. 자생생태계 보전을 위해 어쩔 수 없이 이들을 대량 포획해 살처분하는 것이 필요하다. 이들이 생태계 교란 동물이라는 지위를 가지고 있다고는 하나 포획하고 살처분하는 과정은 인도적으로 이루어져야 한다. 어쨌든 간에 보호가 필요한 자생종과 외래종 모두 이 과정에서 생존과 복지를 위협받는다.

이처럼 종으로서의 동물의 생존은 개체로서의 동물의

복지 및 생존과 직결되어 있다. 인간이 이들을 보호하고 구조하려는 노력을 기울이고는 있지만, 한편으론 다양한 방식으로 이들의 멸종을 가속하는 것도 사실이다. 지구온난화라는 큰 변화 앞에서 인간과 동물은 공동운명체다. 그럼에도 우리는 어째서 이들을 밀어내고 있는 걸까.

우리의 책임감으로 해결할 수 있다

동물의 멸종이 오롯이 인간만의 책임은 아닐 것이다. 인간이 의도한 바도 아니라고 믿는다. 사실 지구온난화가 진행되고 다양한 자연적 변화가 일어나는 데는 여러 요인이 작용한다. 인간이 어찌할 수 없는 자연적 변화의 영향도 크다. 또한 지구상에 존재하는 모든 동물이 전부 인간의 관리나 책임하에 있는 것도 아니다.

　과학자인 유진 스토머Eugene Stormer와 파울 크뤼천Paul Crutzen의 생각은 달랐다. 이들은 인간의 활동이 지구의 기후와 생태계에 큰 영향을 미쳤고 이는 지질시대의 변화에 버금가는 큰 변화를 만들었다고 보았다. 그래서 이른바 '인류세Anthropocene'라는 새로운 지질시대로 지정할 수 있다고 주장한다. 인류세는 공식적인 지질시대 구분은 아니지만 시간 대상으로는 산업혁명 이후 현재까지의 시기를 가리킨다. 제2차 세계대전 핵실험 이후 약 60여 년간 인간이 일으킨 변화의 속도와 규모가 이산화탄소의 배출, 해양 산성화, 야생생물 서식지 파괴, 생물의 멸종과 자원 고갈을 유발했다는 사실을 단적으로 드러내는 것이기도 하다.

실제로 인류세를 주장하는 그룹들은 인류세의 표준화석으로 플루토늄과 구형 탄소 입자를 후보로 둔다. 대중적으로는 급격하게 늘어난 닭 소비를 특징으로 해서 닭의 뼈를 표준화석으로 삼아 인류세를 규정할 수 있다는 논의도 있었다.

물론 이런 지질학적 논의를 떠나 인류세는 인간이 지구상의 다른 존재들에게 미치는 영향을 인식하고 이를 줄여나가려고 노력하겠다는 의미로 받아들여져야 한다. 현재 지구에 사는 인간의 수는 인류 역사상 가장 큰 규모다. 따라서 현재 인류가 정착해 사용하고 있는 지표의 면적도 가장 넓으며, 인간의 활동 범위 역시 역사상 가장 넓다. 그뿐만이 아니다. 인간은 자신들이 발달시킨 다양한 기술로 가축의 숫자를 역사상 가장 큰 수준으로 늘려 놓았다. 가축의 수가 늘었기에 가축들이 먹고 숨 쉬고 배출하는 폐기물이 지구 시스템 전반에 미치는 영향이 예전에 비해서 엄청날 수밖에 없다.

그런데 이러한 문제를 인지하는 것도, 그것을 해결하기 위해 대안을 세우는 것도 오로지 인간만이 할 수 있다. 다시 말해 인간 때문에 지구가 많은 변화를 겪었음을 분석한 뒤 그것을 고칠 수 있는 생물종은 지구상에 인간 외에는 없다는 말이다. 따라서 인간 스스로 변화를 감지하고 그 속도를 늦추거나 변화를 막을 방법을 찾는 것이 중요하다. 그것이 바로 인간의 생존 전략이 될 것이기 때문이다.[5]

우리는 '동물의 멸종이 우리의 책임인가'를 묻기보다 '우리가 이런 변화들을 막기 위해 무엇을 할 수 있는가?'를 물어야 한다. 이는 인류의 생존과 미래를 묻는 질문이기도 하다.

실험실에서 태어나
실험실에서 죽다

매년 1억 마리 이상의 동물이 실험에 쓰인다

인간에 의해 숫자가 늘거나 준 동물들이 많다는 것, 그중에는 멸종위기의 동물도 있다는 것까지 살펴봤다. 그런데 이런 동물들 외에 인간과 밀접하게 관련된 또 다른 동물들이 있다. 인간에게 도움을 주거나 인간이 할 수 없는 일들을 대신 수행하는 동물들 말이다.

앞서 인간이 몇 마리의 닭을 먹고 몇 마리의 소를 키우는지 이야기했지만, 거기에 버금가는 숫자의 동물이 사용되는 곳이 있다. 바로 동물실험이다. 영국의 왕립동물 학대방지협회RSPCA에 따르면 전 세계적으로 매년 1억 마리 이상의 동물이 실험에 쓰인다. 해당 협회에 보고된 동물만 그렇다.

만약 보고되지 않았거나 동물실험을 보고하는 시스템이 만들어져 있지 않은 곳이라면 훨씬 더 많은 동물이 생산되고 실험에 쓰인다 해도 잘 모를 수 있다.

영국을 기준으로 보면 이들 중 약 53퍼센트는 의학 계열을 포함해 대학교에서 사용하고, 약 25퍼센트는 산업계에서 사용된다. 따라서 이 동물들은 의학과 과학의 발전을 위해서 쓰인다고 말할 수 있다. 어떤 나라가 실험에 동물을 많이 쓰고 있는지 살펴보자. 미국, 중국, 일본, EU 등 굉장히 탄탄한 과학 시스템을 갖춘 나라, 의학이 점점 발전하는 나라들일수록 더 많은 실험동물을 쓴다.[6]

우리나라는 어떨까? 우리나라의 동물실험 현황을 보면 2022년 기준 500만 마리 가까이 사용되는 것으로 나타났다. 2022년 실시된 '동물실험윤리위원회 운영실적 및 동물실험 실태조사'에 따르면 2017년에 약 308만 마리가 쓰이던 것에서 계속 숫자가 늘어나 2022년 기준 499만 마리가 실험에 사용된 것으로 나타났다.[7] 우리나라는 동물실험을 하기 위해서는 소속 기관의 동물실험윤리위원회에 신청 후 허가를 받아야만 한다. 이 신청서에는 동물을 어떤 방식으로 이용해 실험하는지, 동물실험 말고 다른 방법은 없는

지, 실험하는 동안 동물을 어떻게 관리하는지, 그 실험에서 동물이 어느 정도의 고통을 겪게 되는지 등을 보고하게 되어 있다.

동물보호법의 동물실험 원칙에 따라 동물실험에 사용하는 동물을 최소화하고, 고통이 수반되는 실험은 감각 능력이 낮은 동물을 사용하되 진통과 마취 등 고통을 덜어주기 위한 조치를 해야 한다. 그리고 동물실험이 끝난 후에 동물의 상태를 살피고 회복될 수 없는 고통이 지속된다고 판단될 경우 인도적인 방식으로 처리해야 한다.

농림축산식품부와 식품의약품안전처가 제공하는 동물실험윤리위원회 가이드 라인에 따르면 동물이 실험에서 겪는 고통의 단계를 A부터 E까지로 나눈다. C단계 이상이면 마취가 필요한 정도의 고통이라고 판단한다. D나 E단계에서는 죽음에 이르는 고통이 따른다. 그런데 실제 허가를 받은 실험에서 D나 E단계의 극심한 고통 혹은 그 이상이 따르는 실험이 75퍼센트 정도나 된다. 즉 500만 마리 이상의 동물이 실험에 쓰이고 있으며, 그중 4분의 3이 극심한 고통에 노출되어 있다는 뜻이다.

실험동물로 쓰이는 동물은 다양하다. 그러나 인간의

건강과 질병을 연구해야 하기 때문에 이들 동물은 인간의 대체물이 되기 위해 해부학적·생리학적으로 인간과 유사해야 한다. 가장 많이 쓰이는 설치류 동물인 마우스^mouse, 랫^rat, 토끼, 다루기 쉬운 개와 고양이, 돼지와 미니돼지 등을 들 수 있다. 그리고 영장류가 전통적으로 실험에 가장 많이 사용되는 동물이다. 최근에는 제브라피쉬 등 일부 어류가 실험에 이용되고 있다. 유전자 조작을 통해 인간의 질환을 담을 도구로서의 동물을 만들려면 생애주기가 짧고 유전 정보가 분석되어 있는 동물이 유리하기 때문이다. 설치류가 많이 사용되는 것도 이런 이유에서다.

철저히 계획되는 실험동물의 삶

그렇다면 실험동물의 삶은 어떨까? 그들의 삶은 태어남부터 죽음까지 계획과 통제를 통해 이루어진다. 연구자나 기관이 동물실험을 하려면 먼저 동물실험에 대한 허가를 받아야 하며, 그 이후 동물을 구입한다. 최근 동물 구입은 실험동물을 전문으로 생산하는 업체를 통해서 한다. 실험동물 자체를 개발해야 하는 경우, 즉 특수한 유전적 형질을 가졌거나 아니면 인간의 질병과 관련된 유전적 형질을 인위적으로 갖게 만들어진 동물은 연구시설에서 생산되고 분양되기도 한다. 연구시설에는 실험동물을 사육하는 별도의 장소가 마련되어 있다. 실험에 투입되기 전에 이곳에서 적응 기간을 거친다.

질환동물로 개발된 상태가 아니라면 실험에 투입되기 전에 먼저 연구 대상이 되는 신체적·정신적 질환이나 장애를 유발하는 과정이 필요하다. 물리적이거나 화학적인 자극으로 질환과 장애 상태에 이르게 되는데 이에 의한 고통과 불편함, 임상 증상이 동반된다. 대부분의 동물실험은 어떤 약, 어떤 천연물, 혹은 어떤 치료법이 인간의 고통과 질환을 얼마나 경감하고 치료할 수 있는가에 대한 연구 과정이기 때문이다.

대개 실험은 인간이 개발한 치료법, 약물, 각종 기구 등에 대한 효능을 테스트하는 실험군과 아무 처치를 하지 않은 대조군으로 나뉘어 진행된다. 실험동물에게는 다양한 방식의 약물 투여나 외과적 처치가 진행되기도 한다. 이 과정에서 실험동물은 일정 수준의 고통에 이를 수 있다. 실험동물의 고통이 너무 크다고 판단될 때는 인도적인 방법으로 동물의 생명을 끊는다. 실험 이후에도 정상적인 생활이 가능한 동물은 입양되기도 한다.

이런 실험 절차를 동물 스스로 해낼 수는 없으므로 실험실에는 인간 노동자가 있다. 이에 대해 노스이스턴대학교 사회학과 아널드 알루크[Arnold Arluke] 교수와 코네티컷대학교 사회학과 명예교수 클린턴 R.샌더스[Clinton R. Sanders]가 '미국의 영장류 동물실험 시설에서의 인간동물학 사례 연구'를 진행했다. 이 연구에 따르면 이런 일에 종사하는 노동자의 경우 대체로 낮은 수준의 임금과 처우를 받는다. 오래 머무르며 지속할 일이 아니라 다른 직업으로 옮겨가기 위한 징검다리 일자리 정도로 여겨지기 때문이다. 따라서 전문성이 떨어지는 초보 인력이 많이 유입된다.

이 일을 하다 보면 동물과 가까이 지내게 되는데 그것이 문제가 되기도 한다. 실험실 노동자는 실험동물의 밥을 챙겨주고, 잘 자는지 이상은 없는지 돌봐줘야 한다. 그러다 보면 실험동물과 동물실험실의 노동자 사이에 친밀감이나 애착이 형성되는 경우가 많다. 애착이 형성된 동물이 심한 처치를 당하거나 죽어야 할 경우, 실험실 노동자들이 느끼는 윤리적 스트레스와 감정적 스트레스 역시 적지 않다.

이러한 일은 사례 연구로 밝혀진 영장류 실험실에서만

일어나는 일은 아니다. 개나 고양이, 토끼나 랫 등 작은 동물을 다루는 실험실에서도 상황은 다르지 않다.

동물실험 시설은 대중에게 공개되지 않기 때문에 실험실에서의 인간과 동물의 생활은 밖으로 잘 알려지지 않는다. 그러나 내부고발이나 언론 취재 또는 실험실 사고 등으로 상황이 알려져 사회적 이슈가 되기도 한다. 1950년대 시작된 실험심리학자 해리 헬로Harry Halow가 시행한 원숭이 실험은 사랑과 애착, 엄마와 아기의 애착을 주제로 암컷 원숭이, 엄마 젖을 떼지 못한 어린 원숭이를 이용해 실험했다.

철사로 만든 인공물과 헝겊을 씌운 인공물 중 접촉이 가능한 헝겊 대리모에 매달리는 어린 원숭이를 통해 엄마와 아기의 접촉이 중요하다는 결론을 내린 이 실험은 대중에게 잘 알려져 있다. 또한 그는 어린 원숭이를 사회적 접촉 없이 어둠 속에 장기간 홀로 남겨두는 고립실험을 통해 어린 원숭이에게 정서적, 사회적 결함을 생긴다는 것을 증명했다. 동물을 철저하게 도구로 여겼던 그는 실험을 통해 학술적인 성과를 누렸지만, 연구가 비윤리적이라는 비난을 피할 수 없었다.

「2023 동물복지에 대한 국민의식조사 보고서」에 의하면 동물실험 기관이 인간의 건강에 꼭 필요한 연구를 한다고 믿는 국민은 54퍼센트, 동물실험이 비밀스럽게 이루어지고 있으며 실험동물의 복지 기준이 열악하다고 생각하는 국민은 각각 48.6퍼센트와 47.1퍼센트로 동물실험 기관에 대한 대중의 신뢰와 의심의 수준은 비슷하다. 대중의 염려는 동물실험 기관과 연구자가 실험 과정에 대한 투명성과 윤리성을 강화하도록 만드는 사회적 압력이 된다. 그리고 관행적이고 불필요한 동물실험을 줄이는 것에 대해 70퍼센트 이상의 국민이 지지를 보내고 있다는 것도 실험동물에 대한 사회의 책임이 중요함을 보여주는 증거다. 이는 과학 연구에 대한 지지 및 신뢰와 직결되어 있다. 실험동물의 삶의 질에 관심을 갖는 것은 이제 동물 그 자체, 동물과 함께 일하는 사람들뿐만 아니라 과학계에도 중요한 문제다.

동물을 쓰지 않는 실험은 가능할까

살아 있는 동물을 해부해서 인간 신체 조직의 기능과 역할을 알아내는 일은 오랜 역사를 갖고 있다. 그리스의 아리스토텔레스도 동물 해부를 통해 생물학 지식을 얻었고, 로마

시대의 의사인 갈레노스는 돼지와 원숭이를 해부해서 연구한 것으로 알려져 있다. 동물 생체실험은 실험생리학이 발전하던 17세기경부터 활발해졌다. 이후 미생물의 발견과 면역학, 독성학의 현대적인 발전은 동물실험의 규모를 확장시켰다. 현대와 같은 전문적이고 산업적인 동물실험은 20세기에 들어와 의학 연구의 주요한 도구로 자리 잡게 되었다. 현재 우리는 신약이나 백신 개발, 화학물질의 안전성 검사 등을 위해 동물실험을 법적으로 표준화하는 단계에까지 이르렀다.

그럼에도 불구하고 동물실험에 대한 과학성 문제, 윤리적 문제가 계속 제기되고 있다. 우선 과학적인 측면에서 보면, 동물실험의 경우 살아 있는 동물에게 하는 것이기 때문에 생물의 신체적인 특성 혹은 생체적인 조건에 따라 실험 결과가 안정적이지 못하다. 또한 동물종에 따라 화학물질의 독성이 다른 양상으로 나타나고, 같은 병원체에 감염되어도 병의 경과는 다르게 나타날 수 있다. 이런 이유로 동물실험 결과를 인체에 적용하는 것이 위험하다는 반론도 제기된다. 대표적인 예가 동물실험에서는 안전성이 확인되었지만, 인간에서 심각한 부작용(태아 기형 독성)을 일으킨

'탈리도마이신'이다.

윤리적인 측면에서도 여러 문제가 제기되고 있다. 인간과 유사할수록 실험 결과를 인간에 적용할 때 예측이 쉽다면 인간과 유사한 영장류를 실험에 활용해야 한다는 결론이 나온다. 하지만 인간과 비슷한 수준의 인지와 고통 감수 능력이 있는 고등 동물을 실험에 활용하는 것은 비윤리적이다. 이런 모순 속에서 과연 동물실험이 유효하고 필요한 과정인가에 대한 의문이 지속적으로 제기되고 있다. 그러나 현대 의학 연구의 주요 방법 중 하나인 동물실험을 중단하거나 대체하는 것이 쉽지는 않다.

그래서 각국은 동물실험을 규제하고 실험에 사용되는 동물보호를 강화하는 방식으로 동물실험의 윤리적 문제점을 줄이고자 시도한다. 동물실험에 대한 법적 규제는 19세기 영국을 중심으로 시작되었다. 1876년 제정된 '동물학대방지법'에서는 동물실험을 수행하기 위해 허가를 받도록 하고 함부로 동물실험을 하지 못하도록 했다. 지금은 세계 각국이 동물실험에 대한 법을 가지고 있다. 우리나라는 '동물보호법'과 '실험동물에 관한 법률'에서 동물실험과 관련된 절차와 행위를 규제한다.

이런 노력이 한편으로는 의학 연구를 방해하는 것처럼 보일 수도 있다. 그러나 동물의 복지를 고려하는 동물실험이 과학적으로 더 건전한 데이터를 생산해낼 수 있다는 주장이 1950년에 이미 제기되었다. 윌리엄 러셀W. M. S. Russell과 로렌스 버치R. L. Burch가 제안한 3R 원칙은 인도적으로 실험동물을 다룸으로써 과학 연구의 질을 높일 수 있다고 가정한다. 과학 실험에서는 같은 실험을 다른 연구자가 반복했을 때도 같은 결과가 나와야 한다. 이를 '재현성'이라고 하는데 실험동물의 복지는 재현성에 영향을 미친다.

윤리성을 지키면서도 과학적인 실험을 할 수 있다는 원칙 아래 사용되는 동물의 수를 줄이고reduction, 동물의 고통을 줄인다refinement. 가능한 대체 실험법replacement을 찾음으로써 실험동물의 고통을 줄일 수 있는 것이다. 과학자들은 자신이 진행한 동물실험의 정보를 투명하게 공개해서 다른 연구자들이 불필요한 실험을 반복하지 않도록 해야 한다.

이쯤에서 궁금증이 생긴다. 과연 실험동물을 사용하지 않는 실험이 가능할까? 유럽연합은 화장품 성분 실험에서 동물실험을 금지했다. 유명 화장품 회사들은 제품을 생산할 때 동물실험을 하지 않는다고 명시하거나, 공식적으로

크루얼티 프리^{Cruelty fee}나 리핑 버니^{Leaping Bunny} 등의 인증을 취득해 동물친화적인 제품을 원하는 소비자들의 요구에 맞춘다.

과학계에서는 동물실험을 줄이고 대체하는 새로운 방식을 개발해 도입하고 있다. 세포나 조직을 이용하는 생체외 시험^{in vitro}이나 컴퓨터 시뮬레이션을 활용하는 것이다. 영국의 경우에는 전문기관인 NC3Rs^{National Centre for the Replacement, Refinement Reduction of Animals in Research}을 운영함으로써 국가의 강력한 의지에 따라 동물실험에서 3R 원칙을 혁신적으로 현장에 적용하고 있다. NC3Rs는 과학계 내에서 동물실험을 줄이고, 이를 대체할 수 있는 기술과 방법론을 개발하고 연구자들을 교육한다.

우리나라에도 동물대체시험법학회가 설립되어 이 분야의 학술적인 연구를 촉진하고 있다. 실험동물을 사용하지 않는 것이 당장은 어려울 수도 있을 터다. 하지만 과학자와 시민의 관심과 행동이 이런 움직임을 활성화할 수 있다.

동물을 소유하고 싶은
욕망의 잔혹한 역사

애정과 탐욕 사이에 갇힌 동물들

인간의 짐을 지고 사라져가는 동물들이 있는가 하면, 인간 가까이에 머물면서 인간에게 위안을 주는 동물들도 있다. 대표적인 동물이 우리가 반려동물이라 부르는 동물들, 그리고 동물원에 있는 동물들이다. 왜 그런지 모르겠으나 인간에게는 희한한 욕망이 있다. 인간은 동물을 보고 만지고 소유하고 싶어 한다. 이는 인간이 가진 굉장히 근본적인 욕망 중 하나다. 대체 왜 그런 것일까?

사람이 왜 동물을 좋아하는지, 왜 보고 만지고 소유하고 싶어 하는지에 대해서는 학자마다 각기 다양한 의견을 내놓는다. 대표적인 것이 '생명애 가설biophilia hypothesis'로 미국의 생물학자 에드워드 윌슨E. O. Wilson이 제안한 용어다. 인간은 살아 있는 존재, 즉 생명체이기 때문에 마찬가지로 살아 있는 다른 존재에 끌리는 본성을 가졌다는 가설이다. 그래서 동물을 보고 좋아하고 길들이고 가까이 두고 키운다.

그뿐만이 아니다. 반려동물은 인간에게 긍정적 감정의 대상이 되어주기 때문에 반려동물을 키운다고 설명하기도 한다. 자신이 기르는 강아지나 고양이를 보며 귀여움, 사랑스러움 등의 감정을 느끼는 것이 바로 여기에 해당한다. 또한 사람들은 자식을 키우는 것과 마찬가지로 동물을 돌보려는 일종의 보호본능을 갖고 있다.

한편으론 동물을 통해 자신의 정체성을 드러내기도 하는데, 인간을 사회 안에 안정감 있게 머무르도록 사회적인 지원을 제공하기 때문이라는 설명도 가능하다. 특히 인간은 반려동물을 통해 사회적 지지를 받을 뿐만 아니라 다른 사람 또는 사회의 다른 측면과 소통을 보다 더 원활히 하게 된다. 반려동물이 일종의 사회적 윤활유 역할을 하는 셈이다.

그런데 한 가지 분명한 것은 반려동물을 키움으로써 동물을 접하게 되고 동물에 대해 배우게 되며, 나아가 동물과 소통하고 교감한다는 점이다. 이러한 경험이 동물에 대한 인도적 태도를 배양하는 데 상당한 도움이 되는 것은 부정할 수 없는 사실이다.

동물에 대한 정치적 설문 혹은 정책에 대한 찬반, 사회적 의사결정을 진행하는 경우가 종종 있다. 이럴 때 가장 크게 영향을 미치는 것이 바로 반려동물을 키워본 경험이다. 동물을 많이 접해봐서 동물에 대한 인도적 태도를 발전시킨 사람들일수록 동물 친화적인 정책에 찬성할 확률이 높다. 따라서 사람들이 반려동물을 좋아하고 소유하고 싶어 하는 욕망은 인간뿐 아니라 동물들에게도 어느 정도 도움을 준다고 볼 수 있다.

한편 동물원은 나와 다른 신기한 동물을 지켜보는 공간, 무서운 동물을 가둬놓고 구경하는 즐거움을 충족시키는 공간이다. 동물원과 비슷한 기능을 하는 공간들은 로마 시대부터 있었다. 귀족이나 왕이 진귀한 동물을 수입해 와서 개인 미네저리menagerie를 만들어 전시해서 보는 유행은 근대까지도 계속되었다.

누구나 방문할 수 있는 근대적인 공공 동물원은 20세기 초반부터 생겨나기 시작했다. 사람들은 동물원에서

일제 강점기에 문을 연 창경궁 동물원의 사자 ⓒ창덕궁, 창경원 사진첩

희귀한 동물을 보는 것에 열광했다. 우리나라 최초의 동물원은 일제가 1909년 창경궁 안에 설치했다. 처음 만나는 구경거리인지라 대중에게 꽤 인기가 있었다. 사진 속 맹수사의 사자는 마룻바닥으로 된 좁은 우리에 갇혀 있다. 당시 식민 지배 아래서 잃어버린 주권의 슬픈 상징으로 창경궁이 오락거리로 훼손된 것은 씁쓸한 역사다. 그러나 원래의 서식지에서 포획되어 이곳으로 이동된 뒤 갇힌 동물들에게도 상황은 녹록지 않았을 것이다.

'가족'을 생산하는 반려동물 산업

이처럼 인간의 욕구를 충족시켜주고 위안을 주는 동물들

의 삶은 실제로 어떨까? 이를 살펴보려면 먼저 이들을 둘러싼 '산업'을 살펴보아야 한다. 동물을 사거나 파는 행위, 동물원에 돈을 내고 가서 관람하거나 체험하는 모든 행위가 산업 체계 안에 들어와 있기 때문이다. 우리는 "반려동물은 우리의 가족이다.", "반려동물은 우리에게 위안을 주는 존재다."라고 외친다. 그러나 아이러니하게도 가족처럼 여기는 그 동물들이 생산되거나 유통되는 시스템은 가족에게는 차마 할 수 없는 수준으로 처참하다.

얼마 전 경기도 양평에서 개 사체 1200구가 발견된 사건이 있었다. 뉴스에서 크게 다뤄져 많은 이들에게 충격을 안겨줬다. 개 농장을 하던 사람이 쓸모없는 개, 돌볼 수 없는 개들을 죽인 후 묻거나 버려두어서 그토록 어마어마한 숫자의 사체들이 나온 것이다. 이 많은 개는 어디에서 생겨났을까?

사람들이 선호하는 반려동물에도 유행이 있다. 시기별로 인기 있는 품종이 따로 있으며, 미디어에서 이슈가 되는 품종이 있을 경우 그 품종의 개를 키우는 사람들이 늘어난다. 그렇다면 누군가가 이 품종을 생산해서 제공하고 있다는 이야기다. 유행에 따라 특정 품종을 생산하다가 유행이 바뀌면 그 품종은 더 이상 상품성이 없다. 이런 반려동물 생산 산업은 공장과 같다.

미국에서는 반려동물을 대량 생산하는 곳을 '퍼피밀'이라 부른다. 이곳에서는 마치 공장에서 제품을 찍어내듯 동물을 생산해낸다. 암컷 개들은 열악한 환경에서 지속적으로 임신과 출산을 해야 하고 건강이 안 좋아지면 치료받지 못한 채 방치되어 죽어간다. 특별히 유행하는 품종에 대한 대량 생산은 이렇게 동물 학대 속에서 이루어진다.

어미 개들도 이런 시스템 안에서 태어나는 강아지도 모두 공장에서 찍어내 파는 물건처럼 취급된다. 병이 들어서 더 이상 강아지를 생산할 수 없거나 상품 가치가 떨어지는 강아지는 폐기처분된다. 지속적으로 사료를 공급해야 하는 부담을 줄이기 위해서다. 그 결과가 경기도 양평에서 일어난 것과 같은 비극적 사건으로 나타난 것이다.

이렇게 생산되어 누군가에 팔려간 개들은 안정적으로 한 가정의 반려동물로 생애를 마칠 수 있을까? 매년 늘어나던 유기동물의 숫자가 한동안 조금 줄어드는 추세를 보였다. 그런데 최근 들어 그 추세가 다시 늘어나고 있다. 동물자유연대가 발표한 유실·유기동물 분석 보고서에 따르면, 2022년 1월 3일 기준 약 12만 마리가 유실·유기동물로 등록됐다. 보호소로 유입되는 개의 경우 75퍼센트 정도는 1세 미만의 어린 강아지다. 관리 소홀로 유실되었거나 강아지를 키울 준비가 되지 않은 보호자가 어리고 훈련이 잘 안 된 강아지를 키우는 데 어려움을 느껴 유기했을 가능성이 크다. 반려동물 유기의 원인에 대해서는 동물의 행동문제나 지출, 질병이나 이사와 같은 원인이 주로 언급된다.[8] 그나마 다행인 것은 입양되거나 다시 보호자에게 돌아가는 경우가 약 45퍼센트 정도 된다는 점이다. 그렇다면 나머지 55퍼센트의 동물들은 어떻게 될까?

보호소는 동물이 오래 머무르기에 적합한 장소가 되지 못한다. 많은 동물이 유입되는 데 반해 인력과 자원은 부족하다. 동물보호관리시스템에 등록된 데이터만을 기준으로 해도 해마다 약 1만 4000마리의 개가 보호소에서 죽는다. 안락사되는 개도 1만 7000마리에 이른다.[9] 1세 미만의 어린 개체들이 주를 이루고 있는데 보호소의 동물들은 왜 죽는 걸까?

자연사라고 표시된 이들의 죽음은 질병과 부상 등으로 인한 것이다. 제대로 치료받지 못하고 죽어가거나 방치되었을 위험도 크다. 보호소마다 기준이 다를 수는 있지만 보호기간이 지난 개체들은 안락사를 하는데 실제로 보호소의 동물 중 40퍼센트에 이른다. 반려동물은 인간과의 사회적 관계, 인간과의 애착 관계를 기반으로 해서 키워지는 동물이다. 그런데 유실·유기동물은 그런 것들이 모두 사라진 채 고통 속에서 살아가거나 죽임을 당한다.

열렬한 관심 뒤 가려진 동물원의 비극

2024년 4월 푸바오가 중국으로 떠났다. 푸바오는 코로나19 시기에 국내 동물원에서 태어난 판다다. 코로나19의 확산으로 동물원을 찾는 관람객이 줄어들면서 동물원에서는 자연번식이 늘었다. 관람객에 의한 스트레스가 줄었기 때문이라는 추측이 가능하다.

동그란 얼굴에 귀여운 몸짓으로, 그리고 곧 중국으로 반환해야 한다는 시간적 제한성으로 푸바오에 대한 애정과 안타까움은 유례없는 인기를 가져왔다. 푸바오를 바라보는 것만으로도 많은 사람이 만족감과 행복을 느꼈다. 그러나 동물원의 모든 동물이 같은 수준의 관심과 애정을 받는 것은 아니다. 그리고 이들에게 충분한 돌봄이 제공되는 것도 아니다.

동물원에 유입되는 동물들은 어디에서 올까? 야생에서 잡혀 오거나 다른 동물원에서 동물이 낳은 새끼를 분양받거나 구조해온다. 사실 동물원으로 유입되는 야생동물들은 들여올 수 있는 경로가 그리 많지 않다. 그러다 보니 불법이 자행되기도 하고 동물들에게 끔찍한 일이 일어나기도 한다. 법적으로 멸종위기종이나 보호종으로 수입과 수출이 금지된 품종 중에는 밀렵되거나 밀수되는 사례도 있다. 이들은 이동 중에 많은 스트레스에 시달리고 때로는 이동을 견디지 못한 채 죽기도 한다.

이는 초창기 동물원의 역사를 살펴보면 더욱 극명하게 드러난다. 당시에는 매우 폭력적이고 무시무시한 방식으로 식민지의 동물들을 잡아가서 제국의 수도에서 이 동물들을 전시했다. 특히 아프리카나 아시아 지역에서는 무분별한 밀렵이 이루어졌다. 우리에게 애니메이션으로 잘 알려진 새끼 코끼리 점보 역시 이런 방식으로 아프리카에서 포획되어 유럽으로 옮겨졌다.

몸집이 작아 이동이 쉽고 전시했을 때 인기가 있는 새끼 동물을 잡기 위해 이들과 함께 있는 어미를 죽인 뒤 그 주변을 맴도는 새끼를 잡았다. 당연히 새끼 동물은 그 과정에서

트라우마를 겪게 된다. 이렇게 동물원으로 옮겨온 동물은 대중에게 전시되거나 서커스 쇼에 동원되었다. 실제로 점보는 런던 동물원에서 사람들을 등에 태우고 먹이를 받아먹어야 했다.

동물원의 상황은 20세기 초반과는 많이 달라졌다. 환경을 동물 친화적으로 개선하고 동물 보전을 위해 노력하고 있다. 나아가 생태 교육의 역할까지 하는 동물원들도 많이 생겨나는 추세다. 그러나 여전히 열악한 체계를 가진 동물원들도 존재한다.

동물원과 유사한 명칭으로 불리는 작은 규모의 체험동물원이 있다. 체험동물원처럼 관객과 가깝게 닿을 수 있는 동물원에서는 동물에게 직접 가해지는 스트레스가 더 크다. 체험동물원의 경우 사람들에게 동물과 접촉하고 그들을 만질 수 있게 해주는데 이것이 동물에게는 상당한 스트레스가 된다. 대개 야생동물은 인간의 손길을 타지 않는 특성을 지니고 있기 때문이다.

동물원은 상업시설이기 때문에 운영이 어려운 동물원은 동물들에게 필요한 먹이와 환경을 제공하지 못할 수도 있다. 최근 김해동물원에서 뼈가 앙상하게 남은 사자가 발견되어 동물 학대 논란이 크게 일었다. 당시 '갈비뼈 사자'로 불리며 세간의 관심을 모았는데 다행히 지금은 청주동물원으로 옮겨져 건강을 많이 회복했다. 이처럼 경영 상태가 어려운 동물원에서는 학대받거나 버려지는 동물들이 늘 생겨나게 마련이다. 산업의 체계 안에서는 동물들의 삶의 질이 온전히 보장되기 어렵다. 동물을 예뻐하고 그들에게 위안받는 것에 그쳐서는 안 된다. 산업 시스템에 그대로 노출된 동물들의 삶이 어떠할지를 살펴보고, 대안을 마련하는 노력도 필요하다.

바다로 간 남방돌고래 '제돌이'를 기억하는 독자들이 꽤 있을 것이다. 불법으로 포획됐던 돌고래를 시민들이 협력해서 바다로 다시 돌려보내는 데 성공한 사례다. 그런가 하면 여전히 바다로 돌아가지 못했거나 환경이 개선되지 못한 상태에서 살아가는 많은 야생동물이 있다. 그럼 이 동물들은 어떻게 될까?

여러 사람과 기관의 도움으로 구조되거나 다른 시설로 옮겨가는 경우가 있다. 반면 영원히 갇히거나 죽임을 당하기도 한다. 동물 학대 논란이 일어나면 시민사회가 분노의 목소리를 내고 합심해서 먹이를 보내주고 동물들이 옮겨갈 수 있도록 후원금도 마련해주는 등 여러 가지 활동을 한다. 그러나 이것은 일회적 방법일 뿐이며 근본적인 문제 해결책은 아니다.

동물원에서는 새끼 동물이 항상 인기다. 동물원에서 자연 교배를 통해 새끼가 태어나는 것은 매우 커다란 이벤트다. 동물의 새끼는 관람객들이 좋아하는 데다 새로운 생명체가 태어난 것 자체가 축복으로 여겨진다. 그러나 마냥 좋아할 수만은 없기도 하다. 여러 마리의 새끼가 태어난 경우를 보자. 그중 전시하기에 적당하지 않은 동물도 있을 테고 숫자가 너무 많아지면 감당하기 어려워 필요 없는 동물들도 생기게 된다.

이렇게 잉여 생산되는 동물들은 어떻게 될까? 살처분되어 죽거나 때로는 맹수의 먹이가 된다. 다른 동물원에 팔기도 하고, 최악의 경우 그냥 가둬두고 아무에게 보여주지 않기도 한다. 이 동물들은 실내 시설에 갇혀 평생을 보낸다. 이처럼 잉여 생산되는 동물들, 쓸모없다고 여겨지는 동물들은 인간의 눈에 띄지 않는 어딘가에 갇힌 채로 존재한다. 우리가 애정을 쏟고, 위안을 받는 많은 동물이 생산되고 유지되는 시스템 뒤쪽에는 빛에 가려진 어두운 그림자가 있다.

우리는 동물에게 응답할
준비가 되었는가

동물, 대체물 그 이상의 존재

인간과 함께 동시대를 살고 있는 존재들은 인간을 어떻게 생각할까? 같은 시간과 같은 공간을 공유하고 있으니, 인간과 동물은 넓은 의미에서는 동반자다. 그러나 만약 누군가가 '인간에게 위안을 주는 동물은 도대체 인간으로부터 어떤 위안을 얻을까?'라고 반문한다면 대답하기 어렵다.

인간에게 단백질원이 되고, 인간의 질병과 건강을 위한 실험 도구가 되고, 인간에게 위안이 되는 동물의 의미에 대해 깊이 생각할 기회는 드물다. 전통적으로 사회 안에서 인간과 동물의 관계는 동물이 인간에게 생존을 의존하고 인간이 이들을 돌봄으로써 지속될 수 있었다. 그러나 전통적으로 만들어온 상호적 인간과 동물의 관계를 현재에도 그대로 유지하는 건 불가능해 보인다. 동물을 생산하고 이용하는 산업의 규모가 매우 커졌고 이 산업에 관여된 인간과 동물의 관계가 분절화되고 복잡해졌기 때문이다.

분절된 관계 안에서 우리는 동물을 존재 그대로 보기보다는 기능과 필요의 관점에서 보게 된다. 그런 이유로 현대 사회에서 동물의 물건화와 상품화는 가속될 수밖에 없다. 우리는 동물을 과도하게 많이 생산할 수도 있고 동물의 수를 인위적으로 줄일 수도 있다. 따라서 동물이 인간에게 주는 이득과 인간이 동물에게 주는 이득은 어쩔 수 없이 불균형한 상태에 놓인다.

사회 밖 동물들의 상황도 다르지는 않다. 산업화와 기술 혁신은 사회를 급속도로 변화시키고 있다. 그리고 과학과 기술의 발전으로 인간의 활동 영역과 활동의 다양성이 증가한다. 그 과정에서 많은 동물이 피해를 입고 학대당하는 것 또한 간과할 수 없는 일이다. 인간의 의도에 의해 필요한 종으로 통일된 식물군과 동물군은 이들을 둘러싸고 있는 생태계에도 영향을 미친다.

과학과 기술의 발전으로 인간의 활동 영역과 활동의

다양성이 증가하면서 생물다양성은 감소한다. 인간의 영향으로 생존의 기회를 박탈당한 동물들은 멸종위기에 놓인다. 인간은 어찌 보면 얄밉고 이기적인 동반자다.

우리가 덜 이기적이고 책임감 있는 동반자가 되려면 어떻게 해야 할까? 무엇이 필요할까? 여성학자이자 인간동물학자인 도나 해러웨이Donna J. Haraway는 '응답 능력response-ability'이라는 개념을 통해 우리가 비인간 존재와 생태계를 포함하는 타자의 요구와 권리 그리고 복지에 대해 응답할 윤리적인 의무가 있음을 일깨운다. 모든 존재가 서로 연결되어 있으므로 우리 삶이 공감과 참여의 방식으로 변경되어야 한다는 것이다.

해러웨이는 현시대가 인류세가 아니라 '툴루세Chthulucene' 임을 주장한다. 인간과 비인간 모두가 함께 살아가는 방식을 만들어야 하는데 이는 인간이 다른 종, 더 나아가 지구 자체와의 얽힘을 이해하는 데서 시작된다. 그러기 위해서는 함께 살아가고 함께 번성하고 협력하는 태도와 방식이 필요하다. 나아가 인간이라는 종, 생물학적 관계에 한정되지 않고 새로운 친족을 만들어보는 것은 비인간 존재와 환경에 대한 책임을 키우는 데 도움이 된다.

동물 관련 정책이나 동물에 대한 인간의 책임에 대해 말할 때 이런 의견을 제시하는 이들이 많다. "동물을 배려하기에 앞서 처지가 어려운 사람을 우선시해야 하는 것 아닌가? 그리고 그런 동물 자원을 돌보고 관리하는 인간에게 더 투자해야 하는 것 아닌가?"

그러나 이 둘을 이분법적으로 구분할 필요는 없다. 우리가 동물들을 배려하기 위해 인간성을 덜 말살하고 동물을 덜 학대하는 방향으로 나아가는 것은 인간이 가진 응답능력을 키우는 데도 도움이 되기 때문이다. 동물이 처한 상황을 인지하고 배려함과 동시에 더 나은 대안을 제시하는 것은 인간의 의무다. 사실 현재의 인간과 동물의 상황은 너무나 불균형하기 때문에 우리가 동물 편을 조금 더 든다고 해도 기울어진 추가 균형적으로 맞춰질 가능성은 거의 없다. 우리가 동물을 배려해야 하는 이유는 바로 이런 불균형 때문이며, 균형을 맞추기 위한 노력은 더욱 필요하다.

동물-인간의 관계와 식물-인간의 관계
에는 어떤 차이가 있는가? 또한 식물이
환경에 속한다고 볼 수 있나?

우선 '환경'이라는 단어의 의미 규정이 굉장히 어
렵다. 나를 중심으로 봤을 때 나를 둘러싸고 있는
모든 것들을 환경이라고 한다면 사실 다른 생물종
은 모두 환경에 속한다. 그래서 환경이라기보다
는 비인간 타자라고 말하는 것이 더 의미 있는 구
분이다. 인간은 같은 동물로서 감각기관과 운동
기관이 다른 동물과 유사하기 때문에 동물의 인식

과 감각, 행동을 잘 이해하고 더 편하게 받아들인다. 그리고 인간의 반응에 대한 경험으로 동물의 반응을 잘 추측할 수 있다. 따라서 인간과 동물의 관계는 보다 상호적이고 능동적이다. 비인간 타자로서 식물과 인간의 관계는 동물과의 관계보다 수동적일 수 있다. 그러나 인간에게 주는 이익과 위안의 크기는 관계의 맥락에 따라 다를 것이므로 관계의 강도나 상호성을 가볍게 말할 수는 없다.

반려동물을 키우는 사람들이 늘며 출산율이 낮아졌다는 의견이 있다. 반려동물이 인간 번식에 악영향을 준다는 의견에 대해 어떻게 생각하나?

현재 반려동물을 키우는 사람이 많이 늘어나고 있기 때문에 많은 사람이 반려동물과의 관계를 중요하게 생각한다. 그리고 이 관계가 인간과 인간의 관계를 대체하는 것처럼 여겨지기도 한다. 여전히 동물을 인간의 대체물로 보는 견해도 일부 있다. 다시 말해 인간과 관계를 제대로 맺지 못하거나 인간과의 관계가 부족한 사람들에게 동물이 일종의 대체물로 쓰이는 것 아니냐는 의견이다.

사람들은 1인 가구가 늘어나면서 이들의 외로움을 덜어줄 반려동물도 늘어났다고 단순하게 인과를 연결 짓는다. 혹은 2인 가구가 아이 없이 살며 동물을 키우는 숫자가 더 많아졌다고 생각한다. 하지만 지표를 찾아보면 현실은 사뭇 다르다. KB경영연구소의 「2023 한국반려동물보고서」에 나온 통계를 살펴보자. 이 자료에 따르면 반려동물을 키우는 가구의 약 70퍼센트가 부부와 자녀로 이루어진 3인 이상의 가족이다. 반려동물이 인간의 가족에 포함되고 가족 구성원으로서의 역할, 즉 애정과 신뢰의 대상일 수는 있지만 이것이 반드시 인간의 대체물이라고 보기는 어렵다.

반려동물을 키우는 비율이 높아지는 것과 출산율이 낮아지는 현상이 동시에 나타나고 있어 반려동물을 키우는 것이 저출산의 원인으로 오인받

는 측면도 있다. 하지만 어떤 현상이 동시에 나타
난다고 해서 하나가 하나의 원인이 되거나 하나의
결과가 되는 것은 아니다. 가족 통계에서 드러난
것처럼 반려동물의 증가와 낮아지는 출산율은 직
접적 상관관계가 없다고 보여진다. 다만 사람들
이 반려동물과 관계를 맺는 과정 중 일부에서 아
이와 맺는 관계와 유사한 측면이 있는 건 사실이
다. 그러나 이것이 반려동물을 자식의 대체물로
여긴다는 증거일 수는 없다.

3부_____

소리 없는 고통을 이해하고 공감하는 방법

동물도 인간처럼 고통을 느낄까? 동물이 고통을 느낀다면, 그것을 인간은 어떻게 알 수 있을까? 인간은 동물의 고통에 대해 어떤 태도를 가져야 할까? 인간은 타자의 고통에 대해 상당히 민감한 감수성을 갖고 있다. 그래서 동물의 고통에 대한 인간의 태도야말로 동물의 삶을 바꾸는 데 있어 가장 큰 영향을 미치는 요인이다.

<h1>우리는 동물의 고통을
받아들일 수 있을까</h1>

동물이 괴로움을 표현하는 방식

동물의 고통이란 무엇일까? 고통이라는 단어를 들으면 아마도 누가 나를 때렸거나 찔렀거나 혹은 내가 질병에 걸렸거나 다쳤을 때의 아픔을 생각할 것이다. 내가 느끼는 것과 같은 아픔과 통증 그리고 고통을 동물이 느낄 수 있을까?

우리는 경험을 통해 동물이 고통을 느낄 수 있는 능력을 지녔다고 생각한다. 강아지가 불이나 뜨거운 물 근처를 피하거나 다른 물체에 세게 부딪혔을 때, 높은 곳에서 떨어지거나 찔렸을 때 보이는 반응이 인간의 그것과 비슷하기 때문이다. 조금 과학적으로 이야기하면, 동물은 인간과 비슷한 신경 체계를 가지고 있으며 부정적인 자극에 반응하고 회피할 수 있는 능력을 지녔다. 어떤 특별한 자극이나 환경 때문에 스트레스를 받고 있다는 것을 우리는 동물이 나타내는 여러 가지 생리학적 그리고 행동학적 지표로 알 수 있다. 다시 말해 동물이 고통을 느끼면 코르티솔cortisol과 아드레날린adrenaline 같은 스트레스 호르몬이나 신경 전달 물질이 과도하게 분비되어 신체를 스트레스 상황에 대비하도록 준비시킨다. 그리고 고통을 유발하는 자극에서 스스로를 멀리 두는 움직임을 보인다.

포유류가 고통을 표현하는 방식은 인간이 직관적으로 이해하기 쉬운 편이다. 다윈은 앞서 언급한 『인간과 동물의 감정 표현』에서 영장류가 고통을 느낄 때 사람의 아이처럼 힘없고 애처로운 모습을 한다고 설명하기도 했다. 조류도 크게 다르지 않아서 고통에서 오는 불쾌함을 인식하고 스트레스 호르몬이나 회피의 행동을 보임으로써 이에 대응한다.

어류는 어떨까? 고통을 느낄까? 척추동물인 어류는 조류나 포유류와 유사한 방식으로 고통과 통증을 느낄 수 있다. 물고기의 종뇌telecephalon는 정서적 학습에 관계된 포유류의 편도체, 공간 기억과 학습에 관여하는 해마와 기능적으로 동질성이 있는 것으로 보인다. 그리고 이는 물고기와 고등 척추동물이 공포나 고통에 대한 반응과 제어를 위한 공통적인 기초 뉴런 시스템을 갖고 있을 가능성을 시사한다.[10] 그래서 어류를 포획하거나 밀도가 높은 수조에서 양식할 때 스트레스를 받으며, 그 결과 정상적인 신체 기능이 저하되기도 한다.

최근 문어와 같은 두족류의 능력이 이슈가 되고 있다. 문어의 뇌central brain는 기억, 학습, 시각 정보 처리를 담당하고, 감각기관은 시각과 촉각, 후각, 미각의 기능을 담당한다. 덕분에 우리는 문어의 분석, 기억, 학습 능력, 의사결정 능력을 관찰할 수 있다. 특히 문어는 피부통각수용체를 통해 고통을 느낄 수 있고 유해한 감각 정보는 뇌에서 처리되는 등 포유류의 고통 반응과 유사한 패턴을 보인다. 그래서 고통을 통해 지속적이고 부정적인 감정 상태를 가질 수 있으며 이를 통해 통증 경험을 가질 가능성이 크다. 나아가 유해한 자극에 대한 회피 반응을 나타낸다.[11]

서로 다른 동물의 사례에서 보듯 동물은 나름대로의 통증과 스트레스를 느끼고 회피하는 기전을 가지고 있다. 그렇다면 동물의 고통이 인간과 동물의 관계, 그리고 사회 속

동물에 대한 책임에 어떤 의미를 부여할까? 인간이 동물의 고통을 과학적으로 연구하기 시작하면서 많은 다른 동물의 고통 기전에 대한 이해가 높아졌다. 그에 대해 살펴보자.

다른 종의 고통에 공감하는 동물로서의 인간

우리가 '동물은 고통을 느낄 수 있어!'라고 생각한다 하더라도 '동물의 고통을 어떻게 해석할 것인가?' 하는 부분은 여전히 논쟁의 여지가 있다. 아픈 동물 혹은 고통을 받는 동물이 표현하는 몸짓이나 행동들은 인간이 표현하는 고통의 어떤 상징들과 상당히 유사하다. 이런 이유로 우리는 직관적으로 동물이 고통을 느끼는지 알 수 있다.

물론 어떤 동물이 고통을 느낄 수 있고, 어느 정도의 고통을 느끼는지에 대해서는 여전히 미지의 영역이 많다. 우리는 최근에야 두족류가 고통을 느낀다는 것에 대해 새롭게 인지했다. 이처럼 과학 수준은 현재 계속해서 발전하고 있으며 인간이 동물의 고통을 이해하는 수준 역시 더 발전해나갈 전망이다.

한편으로는 '의인화된 동물의 고통 이해'라는 주장이 존재한다. 사실 동물이 느끼는 고통은 인간이 느끼는 것과 질적으로 양적으로 다른데 '인간이 의인화해서 동물의 고통을 이해하는 것일 뿐'이라는 주장이다. 다시 말해 동물의 고통에 대해 '인간이 그렇게 느낄 것이라고 짐작하는 것일 뿐 실제 동물은 인간처럼 느끼지 않을 것이다'라는 의미다. 오래전부터 존재해왔던, 동물이 기계처럼 반응한다는 철학적인 인식도 같은 맥락이다. 그러나 이런 주장은 받아들여지기 어렵다. 인간이 동물의 고통에 공감하는 것은 인간이 어떤 동물과 오랜 세월 함께 살아온 경험에 기인한다. 인간은 같은 공간에서 동물이 먹고 마시고 잠자고 새끼를 낳는 등 모든 생활을 보면서 같이 살아왔다. 따라서 어떤 순간에, 어떤 환경에서, 어떤 행동에 의해 동물이 고통을 느끼는지를 경험했고, 어느 정도 학습이 되어 있는 상태다.

모든 동물에게 고통은 해로운 환경이나 상황을 인지하고 스스로 손상당하지 않게 피할 수 있는 일종의 경고가 된다. 따라서 진화론적으로 고통에 민감하고 이를 학습하고 회피할 수 있다는 것은 생존과 번식의 가능성이 높아진다는 것을 의미한다. 이뿐만이 아니다. 타자의 고통에 대한 공감력을 향상시키고 고통에서 벗어나도록 돕는 사회적인 능력을 키울 수 있다. 나아가 타자에게 고통을 가하지 않는 행동 방식을 배우고 익힘으로써 사회적 결속력을 강화하는 기회가 생기기도 한다.

그렇다면 동물로서의 인간은 어떨까? 서로 다른 동물종 사이의 고통은 어떻게 인식하고 공감하고 해석해야 할까?

인간이 가진 공감 능력은 인간 사회에서 약자를 돌보고 집단의 생존 기회를 높이는 데 유리하다. 또한 공감 능력은 서로의 소통을 통해서 강화되기 때문에 공감한다는 것은 서로의 의도와 감정을 이해할 수 있는 능력이 된다. 포유류와 조류에서 이런 공감 능력에 대한 생물학적 기반으로 거울 뉴런Mirror neuron이 언급된다. 다른 개체가 특정 행동을 하는 것을 보는 것만으로도 활성화되는 이 뉴런은 타인의 행동을 모방하고 감정을 공유할 수 있게 해준다.[12] 아마도 이런 생물학적 능력은 인간이 사회 내에서 공감의 가치를 만들고 사회적 규범을 만드는 데 도움을 주었을 것이다.

종은 다르지만, 고통을 표현하고 인지하는 방식이 비슷한 동물들과 살아오면서 우리는 직관적으로 혹은 경험을 통해 그들의 고통을 인지할 수 있게 되었다. 따라서 고통을 인지하는 순간 본능적으로 이를 공감하게 되고, 더 이상 고통을 주고 싶어 하지 않는 마음이 커진다. 인간은 동물의 고통에 대해서 철학이나 법이나 제도에 의해 반응하는 것이 아니라 같은 동물로서 그들이 고통받는 것을 피하려는 본능적인 반응을 보일 수 있다.

한편 동물의 감각, 인식, 고통인지 능력에 대한 인간의 과학적 지식이 늘어간다는 것은 이 지식을 기반으로 동물에 대한 이해의 폭이 넓어진다는 의미다. 또한 이는 동물을 대하는 새로운 방식이 들어설 자리를 만들어주는 데도 기여한다. 어떤 동물종의 해부학적인 구조나 신경학적인 체계가 인간과 좀 다를지라도 이들이 유사하게 느낄 수 있다고 생물학적으로 증명된다면, 이 동물에 대한 인간의 태도와 행동을 바꿀 수 있다는 융합적 접근이 가능해진다.

신경윤리학Neuroethics은 우리가 철학적으로 갖고 있던 생각들을 과학적으로 증명하는 것, 혹은 과학적으로 증명된 사실들을 가지고 다시 철학적인 생각들로 바꾸는 것에 대한 연구다.[13] 이제 우리는 이런 방식으로 동물의 고통에 대한 직관적인 이해뿐 아니라 과학적인 이해의 폭을 넓히고 있다. 나아가 이를 바탕으로 윤리적인 태도를 바꿔 나가고 있다.

고통을 인식할 때 시작되는 진정한 동물복지

동물이 고통을 느낄 수 있는 존재라는 것은 동물복지에서 매우 중요한 개념이다. 동물이 고통과 즐거움을 느낄 수 있는 존재라는 의미로 'sentient being'이라는 표현을 사용한다. 2009년 유럽연합은 리스본 협약Treaty on the Functioning of the European Union을 통해 동물을 'sentient being'으로 존중하도록 규정했다. 이를 통해 동물복지를 공공 정책의 중요한 목표로 보고 회원국이 농업, 어업, 운송, 시장, 연구 분야 모두에서 동물복지를 고려할 것을 의무화하도록 했다는 데 의의가 있다. 우리나라 동물보호법은 '고통을 느낄 수 있는 신경체계가 발달한 척추동물로, 포유류, 조류와 파충유, 양서류, 어류 중 농림축산식품부 장관이 대통령령으로 정하는 동물'을 그 대상으로 한다. 고통을 느낄 수 있는 동물의 조건을 좀 더 구체적으로 명시했다.

동물이 고통과 즐거움을 느낄 수 있다면 우리는 동물에게 해를 가할 수 있는 가능성에 대해 생각하고 가급적 그 가능성을 줄여야 한다는 윤리적인 의무를 가진다. 이런 이유로 고통과 즐거움을 느낄 수 있는 능력을 가진 존재로서의 동물이 법률에 정확히 명시될 필요가 있다. 그렇게 함으

로써 인간이 동물을 보호하고 동물의 복지를 증진시켜야
할 근거가 마련되기 때문이다.

고통을 느낄 수 있는 존재에 대한 배려는 오래전부터 동
물에 대한 철학적인 배려의 지점으로 이용되었다. 그중에
서 가장 대표적인 것이 전통적인 공리주의 윤리다. 영국의
철학자 제러미 벤담은 동물이 고통과 쾌락을 느낄 수 있다
는 것 자체가 우리가 동물의 이익을 배려해야 하는 이유라
고 주장했다. 이후 피터 싱어Peter Singer는 이 논리를 더욱 발
전시켰다. 그는 1975년『동물 해방』에서 지적 능력이나 종
species이 아닌 고통을 느끼는 능력이 윤리적 배려의 기준이
며, 동물의 이익을 차등하여 고려하는 것은 비윤리임을 강
력하게 주장했다. 공리주의 동물윤리가 중요하게 생각하
는 '고통을 느낄 수 있는 능력'은 동물복지 관련 법과 제도
에서 중요하게 고려하는 지점이다.

유럽연합은 동물실험에서 두족류를 어떻게 다루어야
하는지에 대한 실험동물보호 규정을 제정했고, 이 규정에
따라 두족류 관리와 복지에 대한 가이드 라인을 마련했다.
두족류를 포획할 때 불필요한 고통과 스트레스 등 지속적
인 위해가 가해져서는 안 되며, 연구자들은 이런 가이드 라

인을 준수해 포획된 동물만을 사용해야 한다.

이들을 운송하는 데도 적정한 해수량과 산소량이 보장되어야 하며 안전한 운송 용기가 선택되어야 한다. 이러한 규정은 두족류가 복잡한 신경계를 가지고 있으며, 고통을 느낄 수 있는 능력이 있다는 과학적 증거에 기반한 것이다.

이처럼 동물이 갖는 고통 인지 능력은 동물의 생물학적·진화론적 연속성, 그리고 인간의 능력 및 인간과 유사한 신경 체계를 가지고 있는 많은 동물의 능력 사이에 존재하는 경계의 모호성을 드러낸다. 따라서 동물이 고통을 느낀다는 것은 우리가 인간을 대하는 것과 마찬가지로 동물을 대해야 한다는 주장의 근거가 된다. 또한 동물이 고통을 느낄 수 있다는 것은, 동물이 고통을 느끼도록 해를 가할 위험성이 우리에게 있음을 인정하는 것이기도 하다. 따라서 동물을 대할 때 행해지는 인간의 활동이 착취나 학대가 되어서는 안 된다.

우리는 철학적으로 동물이 고통과 즐거움을 느낄 수 있는 존재라고 규정한다. 그리고 동물이라는 존재에 대한 배려가 의심의 여지 없이 윤리적이라고 생각한다. 이것은 우리가 관행적으로 해오던 여러 가지 실험과 문화적, 상업적 행위들이 동물의 고통을 유발한다면 이를 멈춰야 한다는 주장의 근거로 쓰인다. 왜냐하면 우리는 일반적으로 고통을 줄이는 방식으로 동물을 대우하겠다는 사회적 합의에 동의하기 때문이다.[14]

모든 동물이 병원에
갈 수 있는 것은 아니다

동물도 사람처럼 암에 걸리나요?

동물이 고통을 느낄 수 있는 존재라는 것에 대해 충분히 인
지했다면 이제 다음 질문을 해볼 차례다. "인간은 동물의
고통에 어떻게 반응하고 있을까? 그리고 어떻게 반응해야
할까?"라는 질문이다. 동물의 고통을 이야기할 때 빼놓을
수 없는 것이 질병이다. 인간은 동물이 질병 때문에 고통이
나 불편함을 나타내면, 특히 자신과 밀접한 관계를 맺은 동
물이라면 더욱 그 고통을 해결해주고 싶어 한다. 이는 아프
고 불편한 동물에 대한 윤리적인 반응이다. 물론 아픈 동물
때문에 경제적인 손해가 될 것을 걱정하는 마음도 있지만
그보다 윤리적 반응이 더 크게 나타난다.

수의사라는 직업 때문인지 비슷한 질문을 여러 사람에게 받을 때가 있다. 예를 들어 "동물들도 사람처럼 암에 걸리나요?"라든가, "동물들도 당뇨병에 걸리나요?"와 같은 질문이다. 당연히 동물들도 사람과 마찬가지로 암에도, 당뇨병에도 걸린다. '동물의 질병은 어떤 특성을 지녔는가?', '동물의 질병은 인간의 질병과 어떤 점에서 어떤 방식으로 다른가?'는 예전부터 흥미로운 주제였다.

춘추전국시대에 말을 잘 다룰 뿐 아니라 말에게 침을 귀신같이 놓는 재주를 지닌 '백락'이라는 사람이 있었다. 그러나 『장자莊子』의 외편外篇 「마제馬蹄」에서는 백락 같은 사람이 말이 가진 진성眞性을 어긴 채 말을 훈련시키고 사람의 뜻대로 키우다 보니 말의 반이 죽음에 이른다고 비판한다. 실제로 가축화된 동물의 질병 중 많은 부분은 인간이 동물을 이용하는 방식 때문에 생겨난다.

단백질원으로 키워지는 동물은 빠르게 증량되고 지방질이 많아야 하며, 우유를 얻기 위해 키우는 동물은 과도하게 유방이 발달되어야 한다. 따라서 원래 동물이 가지고 있는 몸과 몸의 기능을 유지하기 어렵다. 그러다 보면 자연 상태에서라면 얻지 않아도 될 질병들에 시달리게 된다.

19세기 중반 서대춘이 쓴 『의학원류론醫學源流論』에서도 동물의 질병은 감정이나 내부의 요인보다는 외부의 나쁜 기운이나 나쁜 먹이와 환경에서 생겨난다고 논한다. 동물의 질병은 결국 인간이 제공하는 조건에 의해 생겨날 수 있음을 지적한 것이다. 저자는 동물과 사람의 질병이 그 원리는 같지만, 그 원인이나 증상 및 치료법은 다를 수도 있다고 설명한다.

　근대 이전의 수의학에서 동물은 아픔을 표현하지 못하는 불쌍한 존재로 언급된다. 그러나 이것은 아프지 않다는 뜻이 아니다. 인간처럼 '내가 어디가 아픕니다'라고 말로 표현하지 못한다는 의미다. 이런 이유로 동물을 치료하는 사람은 그 표현을 읽을 수 있어야 한다.

　실제로 동물들이 질병을 알고 있다고 해도 그 증상을 사람이 나타내는 것처럼 표현하기는 어렵다. 예를 들어 두통이 있는 동물을 상상해보자. 두통은 인간이 느끼는 고통 중에서 괴롭고 불편한 고통 중 하나다. 그렇다면 두통에 시달리는 동물은 그 고통을 어떻게 표현할까?

　이 동물이 어떤 행동으로 그 불편함을 표현할까 상상해보자. 오히려 다리에 골절이 생겼거나 몸통에 큰 상처가

났다면 우리는 동물의 상태와 고통을 보다 명확하게 알수 있다. 그런데 두통처럼 밖으로 보이지 않지만 불편한 상태라면 잘 드러나지 않는다. 동물이 자신의 고통을 표현한다고 하더라도 인간이 그것을 알아채기란 실상 어려운 일이다.

그 예로 조선 초기에 발간된 『신편집성마의방新編集成馬醫方』과 같은 수의학 고전에는 "머리를 자꾸 떨어뜨린다.", "머리를 자꾸 뚝뚝 떨어뜨리거나 벽에 친다."라고 표현되는 증상이 나온다. 하지만 그것을 두고 동물이 두통을 겪고 있다고 쉽사리 진단하기는 어렵다. 이처럼 두통이 있는 동물이라는 건 상상력이 필요한 부분이며, 동물이 그것을 표현한다 해도 우리는 알아채지 못할 가능성이 크다.

동물이 환자로 인정받기까지

동물 역시 사람과 똑같이 질병에 걸릴 수 있고 질병을 진단받을 수 있다. 그렇다 하더라도 이들이 사람과 같은 '환자'의 지위를 얻기는 어렵다. 우선 동물은 스스로 병원을 찾을 수 없다. 따라서 자신의 질환을 치료하는 데 필요한 서비스를 선택하거나 중단할 권한이 없다. 어느 정도 수준의 비용을 지불할지에 대해서는 동물의 의사가 반영되지 않는다. 아마도 동물의 경제적 가치, 동물 소유주 또는 보호자의 지불 능력과 의지가 우선적으로 고려될 것이다.

또한 자신의 소유자(사육자) 또는 보호자가 동물의 질병을 인지해야만 수의사를 만날 기회가 생기며, 이 서비스에 대한 비용 지불을 결정하고 지불하는 것도 소유권을 가진 인간이다. 그래서 어떤 동물은 매년 건강검진을 받는 반면, 어떤 동물은 심각한 질병에 걸려도 치료를 받지 못한다. 이처럼 동물이 독립적으로 환자가 될 기회는 거의 없다. 질병에 걸렸더라도 보호자의 민감도에 따라 치료받지 못할 가능성도 있다.

2023년 한 설문조사[15]에 의하면 1~2년에 한 번 이하로 동물병원에 방문하는 보호자가 개의 경우 16퍼센트, 고양이는 33.6퍼센트에 이른다. 때로는 소유자나 보호자가 없는 환자가 되기도 한다. 길고양이나 유기견 등 유기동물은 국가, 지방자치단체, 동물보호 단체 등이 일시적으로 소유주의 역할을 하고 진료 여부를 결정한 뒤 진료비를 지불한다. 그렇기에 동물을 치료하는 데는 분명한 한계가 있다.

우리나라에서 국민이 받을 수 있는 필수 의료는 기본권

에 속한다. 헌법에 '모든 국민은 건강하게 살 권리'를 가지며 이를 위해 '국가는 질병을 예방하고 보건의료제도를 개선하기 위해 노력'해야 함을 명시했다. 그러나 동물에게는 헌법상에 보장된 건강권이 없다. 우리나라에서 동물은 인간의 소유물이자 물건으로 취급되며, 이들의 복지는 학대 방지 수준에 머물러 있다. 따라서 동물의 치료비를 일정 수준으로 유지할 수 있는 기반 제도의 마련이 쉽지 않다.

사람은 태어나면서부터 독립적이고 개별적인 존재로 국가 시스템에 인식된다. 적절한 나이가 되면 국가가 제공하는 필수 교육을 받고, 선거권을 갖고, 재산을 소유하며 어느 지역에 사는지 알 수 있다. 그러나 어떤 동물이 태어나서 병에 걸리고, 죽고, 사라지는지에 대한 관리는 체계적으로 이루어지지 않는다. 따라서 보험에 가입하거나 질병 정보를 축적하는 것 역시 불가능하다.

현재 국가 차원의 동물 의료보험은 존재하지 않는다. 인간의 건강권을 보장하기 위해 국가는 질병에 대한 데이터와 통계를 가지고 건강보험 체계를 마련해 국민의 질병에 대한 종합적인 계획을 세울 수 있다. 그리고 이런 계획 아래서 질병을 예방하기 위한 백신이나 질병을 조기에 발견하기 위한 각종 검사 등 개인에게 필수적으로 필요한 기본 의료를 제공하도록 배려할 수 있다. 그러나 동물은 그것이 불가능하다.

다행인 것은 우리나라에서 최근 반려견에 대한 등록제를 실시했다는 점이다. 이제 반려견도 개체로서 국가의 인정을 받을 수 있게 되었다. 동물에 대한 체계적인 의료 계획을 마련할 수 있는 한 걸음을 뗀 셈이다. 국가 의료보험처럼 일정액의 보험료를 적립해 대비하는 제도가 있다면 환자의 부담이 경감되겠지만, 이런 제도가 없을 때는 개인이 모든 치료비를 지불해야 하므로 부담이 커진다. 사람의 의료는 국민건강보험 차원에서 질환에 대한 진료 방식과 지급되는 의료 수가를 정하고 조정할 수 있다. 하지만 동물 의료에서는 그런 체계가 없기에 동물병원의 진료 수가는 병원마다 다르고 그만큼 개인 부담금이 높다.

사람들은 "동물 치료비가 왜 이렇게 비싼가? 어떻게 사람 진료비보다 비쌀 수 있는가?"라고 질문한다. 동물과 인간의 의료 체계와 의료 자원의 차이를 이해한다 해도 같은 질문은 계속될 수 있다. 이 질문의 기저에는 사람 의료의 가치보다 동물 의료의 가치가 높을 수 없다는 근본적인 인

식이 자리 잡고 있다. 결국 '사람'과 '동물' 의료비의 경중
이 역전되는 것에 대한 불편함을 드러내는 것이다.

그렇다면 우리는 동물의 건강에 어느 정도의 가치를 두
고 있을까?

가치에 따라 결정되는 동물 치료

우리나라 동물보호법은 제3조 동물보호의 기본 원칙으로
'동물이 고통, 상해 및 질병으로부터 자유롭도록 할 것'을
준수하도록 한다. 우리는 동물이 걸리는 모든 질병에 관심
을 두지도 않고 질병에 걸린 모든 동물을 치료하지도 않는
다. 그런데 사람과 동물이 함께 걸리는 질병이 있다. 이 중
감염병을 인수공통감염병이라고 지칭한다. 예를 들어 코
로나19는 인수공통감염병으로 사람, 개, 고양이, 호랑이,
사자, 밍크 같은 동물이 감염될 수 있다. 그리고 감염된 사
람과 동물에서 비슷한 호흡기 증상을 보인다.

특히 반려동물인 개와 고양이의 경우 코로나19 바이러
스는 사람에게서 전염된 것으로 추측된다. 물론 동물종마
다 감염의 특성과 전파의 위험, 증상의 정도가 다르기에 대
응법 역시 다르다. 팬데믹 기간 동안 반려동물의 코로나19

검사나 예방 백신 개발은 이루어지지 않았다. 그리고 감염된 사람과 함께 지내던 반려동물들의 바이러스 오염 상태를 조사했을 뿐 사람처럼 격리나 생물안전 조치도 이루어지지 않았다. 이처럼 같은 질병이라 해도 동물의 질병은 인간의 질병처럼 철저하게 관리되지는 않는다.

때로는 치료해서는 안 되는 질병도 있다. 대표적인 것이 가축전염병예방법에서 규정하고 있는 '제1종 가축전염병'이다. 구제역이나 아프리카 돼지열병, 돼지열병, 럼프스킨병 등이 여기에 속한다. 제1종 가축전염병에 걸리거나 혹은 그 병에 걸렸다고 확실하게 의심되는 동물은 살처분한다. 즉 동물이 질병에 걸렸다 해도 그 질병이 공중보건에 위해가 되거나 경제적으로 큰 손해가 예상되는 경우에는 치료를 하지 않는다. 그 대신 전파를 막기 위해 감염된 동물과 감염될 수 있는 위험에 처했던 동물까지도 모두 제거해 그 위험을 차단한다.

질병에 걸린 동물을 치료하지 않는 또 다른 경우가 있다. 동물의 치료를 지속하는 것이 오히려 비인도적이라고 판단되는 경우다. 더 이상 호전 가능성이 없는 질병으로 인해 극심한 고통을 받는 동물이 있을 경우 인도적인 죽임,

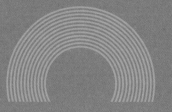

사유의 새로운 지평

Philos 시리즈

인문·사회·과학 분야 석학의 문제의식을 담아낸 역작들
앎과 지혜를 사랑하는 사람들을 위한 우리 시대의 지적 유산

arte

<u>Philos 001-003</u>

경이로운 철학의 역사 1-3

움베르토 에코·리카르도 페드리가 편저 | 윤병언 옮김

문화사로 엮은 철학적 사유의 계보

움베르토 에코가 기획 편저한 서양 지성사 프로젝트
당대의 문화를 통해 '철학의 길'을 잇는 인문학 대장정

165*240mm | 각 904쪽, 896쪽, 1,096쪽 | 각 98,000원

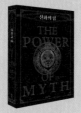

<u>Philos 004</u>

신화의 힘

조셉 캠벨·빌 모이어스 지음 | 이윤기 옮김

왜 신화를 읽어야 하는가

우리 시대 최고의 신화 해설자 조셉 캠벨과
인터뷰 전문 기자 빌 모이어스의 지적 대담

163*223mm | 416쪽 | 32,000원

<u>Philos 005</u>

장인: 현대문명이 잃어버린 생각하는 손

리처드 세넷 지음 | 김홍식 옮김

"만드는 일이 곧 생각의 과정이다"

그리스의 도공부터 디지털 시대 리눅스 프로그래머까지
세계적 석학 리처드 세넷의 '신(新) 장인론'

152*225mm | 496쪽 | 32,000원

<u>Philos 006</u>

레오나르도 다빈치:
인간 역사의 가장 위대한 상상력과 창의력

월터 아이작슨 지음 | 신봉아 옮김

"다빈치는 스티브 잡스의 심장이었다!"

7,200페이지 다빈치 노트에 담긴 창의력 비밀
혁신가들의 영원한 교과서, 다빈치의 상상력을 파헤치다

160*230mm | 720쪽 | 68,000원

<u>Philos 007</u>

제프리 삭스 지리 기술 제도:
7번의 세계화로 본 인류의 미래

제프리 삭스 지음 | 이종인 옮김

지리, 기술, 제도로 예측하는 연결된 미래

문명 탄생 이전부터 교류해 온 인류의 70,000년 역사를 통해
상식을 뒤바꾸는 협력의 시대를 구상하다

152*223mm | 400쪽 | 38,000원

Philos 018
느낌의 발견: 의식을 만들어 내는 몸과 정서

안토니오 다마지오 지음 | 고현석 옮김 | 박한선 감수·해제

느낌과 정서에서 찾는 의식과 자아의 기원

'다마지오 3부작' 중 두 번째 책이자 느낌—의식 연구에
혁명적 진보를 가져온 뇌과학의 고전

135*218mm | 544쪽 | 38,000원

Philos 019
현대사상 입문: 데리다, 들뢰즈, 푸코에서
메이야수, 하먼, 라뤼엘까지 인생을 바꾸는 철학

지바 마사야 지음 | 김상운 옮김

인생의 '다양성'을 지키기 위한 현대사상의 진수

이해하기 쉽고, 삶에 적용할 수 있으며,
무엇보다도 마음을 위로하고 격려하는 궁극의 철학 입문서

132*204mm | 264쪽 | 24,000원

Philos 020
자유시장: 키케로에서 프리드먼까지,
세계를 지배한 2000년 경제사상사

제이컵 솔 지음 | 홍기빈 옮김

당신이 몰랐던, 자유시장과 국부론의
새로운 기원과 미래

'애덤 스미스 신화'에 대한 파격적인 재해석

132*204mm | 440쪽 | 34,000원

Philos 021
지식의 기초: 수와 인류의 3000년 과학철학사

데이비드 니런버그·리카도 L. 니런버그 지음 | 이승희 옮김 | 김민형 추천·해제

서양 사상의 초석, 수의 철학사를 탐구하다

'셀 수 없는' 세계와 '셀 수 있는' 세계의 두 문화,
인문학, 자연과학을 넘나드는 심오하고 매혹적인 삶의 지식사

132*204mm | 626쪽 | 38,000원

Philos 022
센티언스: 의식의 발명

니컬러스 험프리 지음 | 박한선 옮김

따뜻한 피를 가진 것만이 지각한다

지각 동물, '센티언트(Sentients)'의 기원을 찾아가는
치밀하고 대담한 탐구 여정

135*218mm | 340쪽 | 30,000원

즉 안락사를 선택할 수 있다.

그러나 현실적으로 동물의 질병 치료를 결정하는 가장 중요한 요인은 동물 치료 비용이다. 이 비용으로 '우리 사회가 혹은 보호자가 얼마를 지불할 수 있느냐'가 문제의 핵심으로 작용한다. 먼저 우리는 동물의 경제적인 가치와 질병의 경제적인 가치에 대해 저울질한다. 질병을 치료했을 때 드는 비용이 적고 이후 이 동물로 인한 경제적인 이득이 충분히 크므로 치료 비용을 기꺼이 투자하는 경우다. 농장에서 기르는 가축을 생각해보자. 대부분의 가축에 대해서 우리는 동물의 경제적 가치를 넘어서는 치료비를 지불하지 않는다.

동물의 모든 고통은 배려의 대상일까? 동물에게 불편한 통증이 있다면 우리는 통증을 덜어주기 위해 항상 약과 치료를 제공할까? 사실 인간은 자신에게 의미 있는 동물의 질병과 고통만을 배려의 대상으로 삼는다. 동물을 이용하는 인간에게 큰 불편이 없다면 인간은 그 동물의 질병과 고통을 모른 척하며 그냥 내버려두는 경우가 많다. 현실에서는 동물의 모든 고통이 배려의 대상은 아니다.

또 인간은 동물이 고통과 즐거움을 느낄 수 있는 존재라는 것을 알고 있기에 그것을 의인화함으로써 의인화된 고통만을 인지할 뿐 동물의 실제적인 고통을 배려하지 못하기도 한다. 그러니까 인간이 인지할 수 있고 인간이 의미 있게 생각하는 고통, 존재할 것이라고 인간이 상상하는 고통만을 인지하고 그런 고통만을 배려한다는 것이다. 결론적으로 인간이 배려하는 고통이 실제로 동물이 느끼는 고통이 아닐 수 있다는 말이다.

동물의 고통을 야기하는 질병의 치료를 결정하는 또 다른 요인은 동물의 고통이 동물을 돌보는 사람들에게 어떤 의미인가 하는 것이다. 동물의 고통은 동물을 돌보는 사람들의 고통과 깊이 연계되어 있다. 몹시 아끼는 혹은 개인적으로 유대가 있는 반려견이 아파서 고통을 겪으면 그 개를 돌보는 모든 사람도 같이 고통받는다. 이렇듯 동물의 치료와 고통 완화를 위해 우리가 지불하는 것은 경제적인 가치뿐만이 아니다. 우리의 감정적인 가치도 거기에 포함된다.

우리는 동물의 고통을 덜어주기 위해 어느 정도까지 지불할 수 있을까? 아마도 인간의 고통을 덜어주기 위해 지불할 수 있는 수준보다 한참 낮지 않을까?

동물에게도 존엄하게
죽을 권리가 있다

'동물 안락사'가 감춘 불편한 진실

동물의 죽음은 너무나 일상적이다. 먹기 위해서, 이용이 끝나서, 질병에 걸려서, 더 이상 키울 수가 없어서. 이처럼 다양한 이유로 우리는 동물을 죽인다. 그렇다 해도 누구나 아무렇게나 동물을 죽일 수 있도록 허가된 것은 아니다. 동물보호법에서는 특별한 규정을 두어 관리하는 동물을 제외하고 일반적인 동물을 죽이는 것을 동물 학대로 규정해 처벌한다.

법에서와 마찬가지로 사회적 통념으로도 필요한 경우에만 동물을 죽일 것, 그리고 동물을 죽여야만 할 때는 가능한 한 고통 없이 죽일 것이 요구된다.

사회적 통념 중 후자를 우리는 '인도적인 죽음'이라고 표현하곤 한다. 그리고 인도적인 죽음에 대해 이야기할 때 가장 많이 언급되는 것이 안락사다. '안락사^{安樂死}'의 뜻을 글자 그대로 풀이하면 편안한 죽음이다. 또 안락사로 번역되는 영어 단어는 'euthanasia'인데, 그리스어 어원을 살펴보면 '좋은 죽음'이란 뜻이다. 편안한 죽음이나 좋은 죽음이라는 것이 과연 가능할까?

사람뿐 아니라 동물의 경우에도 안락사는 윤리적인 태도 혹은 철학적인 생각에 따라 다르게 정의될 수 있다. 하지만 살아 있는 것 자체가 너무나 고통이기 때문에 이 생명을 끊는 것이 오히려 동물 혹은 사람에게 도움이 된다는 생각이 출발점이라는 점은 비슷하다. 이는 고통이 가지는 질적, 양적 한계에 대해서 고려한다는 의미다.

우리 사회에는 '동물의 안락사'라고 표현할 수 있는 죽음이 존재한다. 우선 실험동물은 실험이 끝났을 때 혹은 실험 도중 통증이 극심해졌을 때 안락사를 당한다. 동물원의 동물은 동물원이 수용할 수 있는 역량보다 훨씬 더 많은 동물이 존재해서 그중 일부 동물을 제거해야 할 때 안락사를 당한다. 동물보호소에서도 마찬가지다. 동물이 질병 혹은 사고로 고통에 시달리고 있을 때는 물론이고 더 이상 입양할 가능성이 없을 때도 동물을 안락사한다. 새로운 동물이 계속 들어오는 상황에서 그대로 두고 모두가 고통을 받는 것보다는 일부 동물을 죽임으로써 이 상황을 해소하고자 할 때 안락사를 선택하는 것이다.

이런 이유로 안락사를 선택하는 경우 우리는 앞서 이야기했던 두 가지 사회적 통념 중 전자를, 그중에서도 '고통 없이 죽이는 것'이라는 부분만을 기준으로 삼고 있는 셈이다. 그러나 안락사는 '고통 없는' 죽음일 뿐, 그 죽음 자체가 고통이 없다는 것을 의미하지는 않는다.

예를 들어 극복될 수 있는 고통 혹은 단기간에만 존재하는 고통은 치료하거나 시간이 지나면 개선될 가능성이 있으므로 이런 경우 안락사는 결코 인도적인 처우가 될 수 없다. 그렇기에 인간이 실행하는 동물의 죽음에 대해, 단지 죽는 순간 고통이 없다는 것만으로 안락사라 표현하는 것은 적절치 않아 보인다. 따라서 앞서 이야기한 실험실이나 동물원, 동물보호소에서 실행되는 동물의 안락사는 안락사라기보다는 오히려 제거의 의미가 더 크다. 다시 말해 우리는 살처분이나 제거라고 불러야 하는 죽음까지 모두 안락사로 표현하고 있다.

살처분, 예방이라는 이름의 몰살

절대 안락사에 포함될 수 없는 '살처분'이라는 특별한 죽음
이 있다. 유감스럽지만 인간이 인간의 목적을 위해 동물을
대규모로 죽이는 일 역시 낯선 일이 아니다. 단순히 숫자가
너무 늘어나서 다른 동물이나 생태 환경에 영향을 미치는
동물을 우리는 살처분이라는 이름하에 죽음의 고통 속으
로 내몬다.

예를 들어보자. 19세기 중반 유럽의 농부가 호주로 이
주하며 24마리의 유럽 토끼를 데려갔다. 이 토끼를 자신의
토지에 사냥용으로 풀어두었는데 천적이 없는 환경에서
토끼 수가 급작스럽게 늘어나고 말았다. 수가 늘어난 토끼
들은 농작물을 먹어 치우는 것은 물론이고 자연 생태계에
도 영향을 미치게 되었다. 이를 해결하기 위해 토끼를 총으
로 사냥하고 덫을 놓고 독약을 사용했지만 소용이 없었다.

결국 1907년에는 3000킬로미터에 달하는 토끼 방제 울
타리까지 설치했다. 이어 1950년대에는 토끼 점액종 바이
러스를 살포하는 지경에 이른다. 바이러스 살포로 토끼 개

19세기 중반 호주에서 살처분된 토끼 가죽을 가득 실은 마차

체 수를 줄이는 데 성공하는 듯 보였으나 얼마 안 돼 토끼의 수는 다시 증가한다. 이에 1990년대에는 칼리시 바이러스를 살포했지만, 점액종 바이러스와 유사한 과정을 거쳤을 뿐이다. 이처럼 사람의 잘못된 외래종 유입이나 가축종의 야생화는 사람과 생태계 모두에게 해악을 끼친다. 그리고 인간에 의해 옮겨진 동물은 결국 제거 대상이 되고 대규모의 죽음을 선고받기도 한다.

한편 가축의 경우 질병을 차단하기 위해 대규모 살처분을 시행한다. 이런 방역의 시작은 18세기 유럽에서 우역牛疫이 유행하던 시대로 거슬러 올라간다. 우역은 치사율이 높아 당시 유럽 가축의 반이 이 질병으로 죽었다는 보고가 있을 정도다. 우역은 또한 바이러스성 질병으로 전파가 엄청 빨랐다. 이처럼 우역은 일단 발생하면 전파를 막을 방법이 거의 없어서 매우 위험한 질병이었다.

당시 이탈리아 의사였던 지오반니 마리아 란치시Giovanni Maria Lancisi는 우역의 전파를 막기 위해 감염우를 치료하지 않고 살처분함으로써 감염되지 않은 축군을 보호하는 강력한 방식을 도입했다. 당시 교황의 주치의였던 그는 교황령 농장에 이 방식을 썼고 이를 통해 농장 소들을 효과적으로 보호했다. 이처럼 효과가 증명되자 이후 다른 나라에서도 유사한 방식이 시도되었다. 현재도 치사율이 높거나 전파가 빠른 가축전염병에는 이 방식이 고수된다.

가축전염병에서 활용되는 예방적 살처분은 감염된 동물에게만 시행되는 것이 아니다. 감염 지역에 있어서 감염의 위험이 있거나 전파의 위험이 있는 모든 가축이 살처분 대상이 된다. 이런 방식이 성공적이라는 점 때문에 현재도 예방적 살처분이 비일비재하게 이뤄지고 있는 실정이다. 여전히 전염병을 막는 데 살처분이 매우 효과적이라고 생각하는 것이다.

이렇게 모두 몰살하는 방법만이 최선일까? 2000년대 이후 구제역과 조류 인플루엔자의 위험 때문에 수백만 마리의 가축을 살처분했다. 이런 일을 연이어 겪으면서 시민 사회를 중심으로 살처분하는 방식의 비인도적 측면에 대한 문제가 제기되었다.

먼저 살처분이 가져올 동물의 고통과 사체 처리로 인한 환경 오염, 이 작업에 투입되는 인력의 물리적·정신적 스트레스를 고려할 필요가 있다. 이런 점을 따져보면 진단 가능하고 백신이 개발되어 있는 질병에 걸린 경우, 대규모의 살처분이 오히려 효율성이 떨어질 수 있다는 전문가들의 문제 제기도 있었다. 물론 이런 문제 제기는 동물이 질병으로 받게 되는 고통과 스트레스에 기반한 것은 아니다.

현재는 축산의 규모가 예전보다 커졌고 축산을 하는 방식도 많이 달라졌다. 또 동물의 질병 양상도, 질병을 다루는 기술도 많이 달라졌으며, 동물의 질병에 대응하는 인간의 인식도 변화했다. 그 결과 예방적 살처분에 대한 불편함이 상당히 심각하게 논의되는 중이다. 예전과 달리 동물의 질병에 대한 예방 접종과 예방 방식이 상당히 많이 개발되어 있으므로 예방적 살처분 대신 이 방법들을 적용하자는 의견에 힘이 실리는 이유다.

사실 인간은 예방적 살처분이 아니더라도 산업이라 불릴 만큼 동물이 대규모로 죽음을 당하는 것을 잘 알고 있다. 그런 사실을 고려하면 어떤 동물이 예방적 살처분을 피했다 하더라도 짧게는 몇 개월, 길게는 몇 년 후 결국에는 인간에 의해 대규모로 도살당할 것임이 분명하다. 하지만 우리는 유독 예방적 살처분을 불편하게 여기며, 가능하면 그런 죽음을 막았으면 좋겠다고 생각한다.

왜 그럴까? 그 이유는 아마도 사회적 통념 때문일 것이다. 우리가 동물의 죽음을 안락사라 부르고 싶을 때 떠올리는 생각, 즉 '죽는 순간만은 그래도 고통이 없어야 하지 않을까?'라는 통념 말이다.

동물을 '잘' 죽이는 것의 의미

동물의 죽음은 왜 인간에게 특별한 의미를 갖는 것일까? 왜 사람들은 동물의 죽음을 불편하게 생각할까? 도살이나 살처분하는 노동자를 포함해 동물과 함께 일하는 모든 사람은 그 동물이 죽는 순간까지 가능한 한 잘해주려 하고 배려해주려는 태도를 보인다. 이것은 매우 인간적인 본능이다. 도살장에서도 그런 모습을 확인할 수 있다. 도살장에는 도살을 위해서 도착한 동물들이 마지막에 잠깐 계류하는 장소가 있다. 그곳에 머무는 길지 않은 그 순간에 작업자들은 마지막 순간이라는 생각 때문인지 이 동물들을 잘 씻어주고 편안하게 해주려는 나름의 노력을 한다.

이러한 본능은 동물과 좋은 관계를 맺고 일하는 동물 전문가들뿐 아니라 동물실험을 하는 과학자나 도축업자처럼 자신의 업무를 실행하려면 어쩔 수 없이 동물에게 해를 가할 수밖에 없는 사람들조차 예외가 아니다. 이는 인간이 동물의 고통을 인지했던 경험 때문일 것이다.

그 밖에 동물 전문가 중에는 동물과 특별한 관계를 맺은 채 일하는 이들이 많다. 동물을 훈련하는 훈련사라든가 구조견, 마약탐지견, 경주마 등의 동물과 공통의 업무를 담당하는 사람들은 그들과 훨씬 더 끈끈한 관계를 맺는다. 시각 장애인 안내견의 경우는 더욱 그렇다. 그렇기에 이들은 동물이 살아 있는 동안은 물론이고 죽음의 순간에도 최대한 고통 없이 죽도록 돌봐야 한다는 의식이 강하다.

동물을 죽이는 행위는 사람들에게는 계속 스트레스 요인으로 작용한다. 동물을 죽이는 것과 동물의 죽음을 목도

해야 하는 것, 둘 다 인간에게 나쁜 영향을 끼친다. 즉 연민 피로를 경험하는 것이다. 연민 피로는 특히 동물을 돌보는 직업을 가진 사람에게 많이 나타나며, 동물을 죽이는 직업을 가진 사람에게도 비슷한 강도로 나타난다. 그래서 우리는 동물을 죽이는 기술에 대해 논할 수밖에 없다.

과연 동물을 잘 죽이는 법에 관한 연구가 필요할까? 언뜻 생각하면 동물을 잘 죽이는 법에 관한 연구가 끔찍하게 느껴지기도 한다. 하지만 우리가 일상적으로 대규모의 동물을 죽이는 많은 사례를 떠올려보면 질문에 대한 답이 금방 나올 수밖에 없다. 만약 우리가 동물을 잘 죽이는 법에 대해 연구하지 않아서 그 방식을 개선할 수 없다면, 동물들은 계속해서 큰 고통 속에서 죽게 될 것이 분명하다. 인간은 동물의 인도적인 죽음에 관심이 있다. 그러므로 동물을 잘 죽이는 법을 연구하는 것은 동물에 대한 배려의 일종으로 여겨질 수 있다.

동물학자이자 동물보호운동가인 템플 그랜딘Temple Grandin 은 동물을 잘 죽이는 법을 연구하는 중이다. 자폐 스펙트럼이 있는 그는 자신의 자폐가 동물을 이해하는 데 도움이 된다고 생각했고 이를 연구에 활용한다. 그랜딘은 동물복지에 중요한 역할을 했는데, 역설적이게도 그가 수행한 중요한 연구 중에는 동물 도살 기구 연구가 포함되어 있다. 도살되는 동물의 고통과 공포를 없애기 위해서 도살 기구와 체계를 연구한 것이다.

도축장에서는 가축에게 주는 시각적 자극을 최소화하고 진정 경로curved chute를 따라 다른 동물들과 함께 걷게 함으로써 가축의 스트레스를 줄여주고, 작업자의 안정을 유지한다. 그랜딘의 연구는 인도적인 도축에 대한 인식과 제도를 개선하는 데 많이 기여했다. 물론 이에 더해 우리는 인간이 동물을 아예 죽이지 않기 위한 연구, 동물을 불필요하게 생산하지 않기 위한 연구, 동물을 보호하기 위한 연구도 진행한다.

하지만 현대사회에서는 동물의 대규모 죽음을 막을 수 없다. 그렇다면 죽음을 당하는 동물의 고통과 공포를 줄여줄 필요가 있으며, 관련 연구가 반드시 필요하다. 나아가 이러한 연구가 동물에게 도움이 된다는 사실 또한 부정할 수 없다.

동물의 고통이 사회 전체의 고통 총량에 포함된다면, 동물의 고통이 큰 사회는 인간에게도 고통스러운 사회일 것이다. 어쩌면 인간은 이런 이유 때문에 동물의 고통에 더욱 관심을 갖게 될지도 모른다. 따라서 우리가 동물의 고통을 덜어주기 위해 해야 할 일은 더 많아질 것이다.

동물의 불행은
당연하지 않다

동물복지, 고통을 넘어 행복으로

동물의 고통과 죽음 등 부정적인 감정을 살피다 보면 동물의 긍정적인 감정에 대한 궁금증이 생긴다. 동물은 즐거움과 행복을 느낄까? 그리고 그 궁금증은 '우리가 동물의 즐거움과 행복까지도 생각하고 배려해야 하는 것일까?'라는 의문으로 이어질 수 있다.

동물에게도 감정이 있을까?[16] 동물은 정말 즐거움을 느낄 수 있을까? 동물은 긍정적인 감정을 어떤 방식으로 경험할까? 동물이 안락함, 안전함, 특정한 먹이나 환경에 대한 선호성을 갖는 것은 너무도 당연하다.[17] 그뿐 아니다. 동물은 경험을 통해 뜨거운 것, 차가운 것, 날카로운 것 등을 싫어하게 된다. 그러나 인간이 동물의 감정을 이해하기는 어렵다.

진화심리학자들은 동물의 감정이 개체의 적응이나 학습뿐만 아니라 생존과 번식에 도움을 주는 사회적인 기능을 담당한다고 본다. 사랑이나 애착과 같은 좋은 감정이 사회 구성원 간의 유대와 책임감을 높여주고 생존에 필요한 환경을 조성하기 때문이다.[18]

동물은 즐거움을 주는 놀이에 더 적극적으로 참여하려는 의지를 보이며 만족감을 느끼는 행동을 지속하려 한다. 또한 신경과학적으로 즐거움과 연관되는 특정 뇌 영역의 활성화가 관찰되기도 한다. 그 외에도 만족스러운 상태에서 인간과 유사하게 행복이나 만족감과 연관된 옥시토신 같은 호르몬의 수치가 증가한다.

인간과 강한 유대를 맺고 있는 반려동물에게서는 인간 관계에서와 유사한 애착을 발견할 수 있다. 인간뿐 아니라 동물도 인간과 동물의 관계가 주는 즐거움을 느끼며, 지속되던 인간과의 관계가 단절될 때 고통을 느낀다. 따라서 오랫동안 함께 살던 보호자가 죽거나 떠났을 때 혹은 그 보호자에게 버림받았을 때 그 동물은 크나큰 심리적 고통을 겪게 된다.

동물의 복지를 향상시키기 위해 이른바 환경 풍부화 environmental enrichment를 활용할 수 있다. 동물이 느끼는 지루함과 스트레스를 줄이기 위해 환경의 다양성과 자극을 주어 건강을 향상시키고, 동물종 본연의 자연스러운 행동을 유도하는 것이다.

동물원에 있는 동물의 경우에는 동물의 운동성을 높이기 위해 동물의 신체에 적합한 구조물을 도입하고 먹이를 얻기 위해 노력을 기울이도록 유도한다. 이를 먹이 풍부화라 부른다. 그 외에도 감각적 경험을 위해 만지고 냄새 맡고 놀 수 있는 감각 풍부화, 지적 활동을 촉진하는 인지적 풍부화, 다른 동물과의 상호작용을 촉진하는 사회적 풍부화 등의 노력이 진행된다.

실험동물이나 반려동물의 경우에도 종 특성에 맞는 풍부화를 제공할 수 있다. 특히 인지 능력이 높고 사회적 상호작용이 필요한 영장류의 경우에는 다른 영장류와의 접촉 기회가 필요하다. 그 외에도 장난감 같은 놀이도구를 제공하며 거울, 비디오, 소리를 다양하게 갖추어 영장류의 복지 수준을 높일 수 있다.

법은 동물의 행복 추구를 보장하는가

동물의 행복 추구, 즉 긍정적인 경험은 제도적으로 보장될 수 있을까? 동물의 즐거움과 행복은 초기에 동물복지라는 개념이 시작될 때 동물이 어떤 자극이나 고통을 피함으로써 얻는 이득에 대한 개념이 생겨나면서 관심을 받기 시작했다. 2부에서 언급한 「브람벨 리포트Brambell Report」에서는 농장의 동물들에게 어느 정도의 안락함을 제공할 것을 권고했다. 여기서 '어느 정도의 안락함'이란 불안과 고통, 스트레스가 없는 환경을 만들어주는 것과 동물이 가진 자연스러운 습성이 발현될 수 있는 환경을 제공하는 것 정도를 의미한다.

「브람벨 리포트」의 영향으로 동물복지 내용이 성문화된 것이 바로 1979년 영국 농장동물복지위원회의 '5대 자유five freedoms' 지침이다. 5대 자유는 허기와 갈증에서의 자유, 불편함으로부터의 자유, 통증, 상해, 질병으로부터의 자유, 자연스러운 습성을 나타낼 자유, 두려움과 스트레스로부터의 자유다. 최근에는 부정적인 경험에서 자유로워야 한다는 기존의 원칙을 넘어서서 부정적인 경험을 최소화하고 긍정적인 경험의 기회를 늘려야 한다는 보다 업데

이트된 원칙이 제안되기도 했다.

한 예로 '살 만한 가치가 있는 삶A worth living'은 긍정적인 경험과 부정적인 경험의 균형을 맞춘 삶이다. 그리고 부정적 경험을 막기 위한 최소 요구 기준을 충족하며 동물의 안락함, 즐거움, 관심이나 자신감 같은 감정적 욕구와 상호작용을 장려해야 한다는 의미를 담고 있다.[19]

법적으로 '어느 정도의 안락함'을 보장하게 되기까지 시간이 꽤 걸렸다. 동물보호와 복지 관련 법은 오랫동안 동물이 필요한 안락함보다는 동물 학대와 동물이 겪을 수 있는 불편함을 없애는 데 초점을 두고 있었다. 19세기까지는 동물에 대한 학대 행위를 금지하는 것이 전부였다.

일부 국가에서는 이것이 법으로 만들어졌다. 잘 알려진 것이 1822년 영국에서 제정된 '마틴 법Martin's Act'이다. 법을 발의한 상원의원 리처드 마틴Richard Martin의 이름을 따서 만들어진 최초의 근대적인 동물 학대 금지법의 원래 명칭은 '소에 대한 잔인하고 부적절한 대우를 방지하는 법Act to Prevent the Cruel and Improper Treatment of Cattle'이다.

이 법은 소와 양 같은 가축을 그 대상에 포함했다. 이 법에 따라 가축을 때리거나 학대하거나 못되게 대하는 행위자에게 벌금을 물릴 수 있다. 이와 같은 법을 만들려고 시도한 사람들은 이전에도 있었다. 예를 들면 1809년에 토마스 어스킨 경Thomas Erskine이 동물에 대한 악의적이고 무자비한 학대를 방지하기 위한 법안An Act to prevent malicious and wanton Cruelty to Animals을 발의했다. 이 법안은 그가 가진 동물에 대한 인간의 윤리적 의무에 대한 믿음에 근거하고 있다. 당시 이 법안은 의회에서 부결되었고, 그는 이후 1822년 마틴 법의 의결을 지원했다.

마틴 법에 대한 당시 사람들의 반응은 어땠을까? 사람들은 이 법을 비꼬면서 앞으로 당나귀한테 처우를 제대로 해주지 못하면 당나귀가 사람을 고소할지도 모른다며 비아냥거렸다. 그러나 이 법은 상징적인 의미뿐 아니라 실제로 동물 학대자를 판결해 벌금을 부가할 수 있음을 보여주었다. 당나귀를 학대한 죄로 빌 번즈라는 사람이 처음으로 이 법으로 판결과 처벌을 받았다. 마틴이 사람들에게 학대받은 당나귀를 보여주기 위해 법정으로 데려오다가 당나귀에게 채이는 해프닝이 벌어지기도 했다.[20]

당시 영국의 개혁 세력과 인도주의자들은 이 법을 지지했고, 이런 법이 보다 인도적인 사회를 만드는 데 도움이

I838년 P. 매튜스가 그린 「마틴 법에 의한 빌 번즈의 재판」

된다고 생각했다. 결국 마틴은 세계 최초의 동물보호단체
인 동물학대방지협회Society for the Prevention of Cruelty to Animals의 설
립 멤버가 되었다.

그러나 영국에서 가축에 대한 학대방지법이 동물복지
법으로 전환되는 데는 약 180년이 걸렸다. 2006년 기존의
동물보호 관련 법률을 대체하거나 개정해서 동물복지를
포괄적으로 다루는 법인 동물복지법Animal Welfare Act이 제정되
었다. 이 법은 인간, 특히 소유주와 관리자에게 단순히 학
대 금지를 넘어 동물복지의 긍정적인 상태를 보장해야 할
의무를 부여했다.

1991년에 제정된 한국의 동물보호법은 30여 년 동안 범위와 내용을 확장해왔다. 동물 관련 시민단체는 우리나라도 동물보호법을 동물복지법으로 개정해야 한다고 주장한다. 최근 정부는 2024년까지 기존의 동물보호법을 동물복지법으로 개편한다는 계획을 내놓았다. 동물복지법 체계로 개편하면서 학대 방지를 넘어 출생부터 죽음까지 생애주기 관점에서 동물의 건강, 영양, 안전 및 습성 존중 등의 동물복지 요소를 강화하기로 한 것이다.[21]

아리스토텔레스가 생각한 것처럼 자연에 순응하는 즐거움이 동물에게 행복으로 느껴질 수 있을까? 이전까지의 철학적, 법적 고려 안에서 동물이 고통 없는 삶을 살고, 자연스러운 습성과 긍정적인 경험을 보장받는다면 동물은 행복할 수 있을까? 동물의 행복이란 무엇이며 동물은 어떨 때 행복을 느끼는지, 그 개념을 쉽게 정의할 수 없다.

그럼에도 명확한 사실이 있다. 사회 전반의 행복에 동물의 행복을 포함시키고 동물의 행복 개념을 만들어 발전시켜 나가야 한다는 점, 이것을 인간의 의무에 포함시켜야 한다는 점은 거스를 수 없는 흐름이다.

동물이 행복해야 인간도 행복하다

우리는 왜 동물의 즐거움과 행복에 관심을 갖는 것일까? 인간은 어째서 동물의 행복을 보장해야 할까? 인간이 동물에게 인도적인 처우를 보장해야 한다는 것에 대해서는 사회적으로 합의가 이루어져 있다. 하지만 인간과 동물의 개별적인 관계뿐만이 아니라 사회 자체가 동물의 행복을 보장해야 하는가는 훨씬 더 복잡한 문제다.

동물의 삶의 질을 객관적으로 보는 지표는 지금까지는 동물복지 개념과 가장 유사하다. 동물복지는 동물의 생물학적인 기능과 건강, 자연스러운 삶 그리고 정서적 상태의 복합적인 측면을 고려한다. 아마도 행복이라는 개념과 가장 유사한 지점은 동물의 정서적 상태를 중심으로 동물복지를 측정하는 방식과 맥이 닿아 있을지도 모르겠다.

사람의 행복권을 참고해 동물의 행복을 유추해본다면 어떨까? 아리스토텔레스는 행복이 인간 삶의 최종 목표이며 절대 선이라고 보았다. 나아가 행복eudaimonia이 지적이고 도덕적인 완결성을 추구하는 개인의 행동과 결정이라고 생각했다.

에피쿠로스가 생각한 행복은 조금 다르다. 그는 행복을

걱정에 시달리지 않는 만족한 상태 즉, 아타락시아^{ataraxia}라

고 보았다.

　이처럼 인간의 행복이 인지적인 삶의 질과 감정적인 삶
의 상태를 모두 고려하는 것이라면 동물의 정서적인 삶의
상태를 측정하는 동물복지의 기준은 행복과 가장 맞닿아
있다. 우리나라 헌법 제10조는 '국민이 행복을 주구할 권
리'를 가지며 '국가는 개인이 가지는 불가침의 기본적 인권
을 확인하고 이를 보장할 의무'가 있음을 명시했다. 행복추
구권이란 소극적으로는 고통과 불쾌감이 없는 상태를 추
구할 권리를 의미하며, 적극적으로는 만족감을 느끼는 상
태를 추구할 수 있는 권리를 의미한다. 마찬가지로 정서적
상태를 강조하는 동물복지의 개념 역시 크게 다르지 않을
것이다.

　그러나 동물의 행복에는 어떠한 권리도 보장되어 있지
않다. 그리고 동물이 어떤 수준의 복지를 경험할 수 있을지
도 아직 명확하지 않다. 따라서 동물의 행복을 더해주기 위
한 인간의 책무에 대해 이야기하는 것도 쉽지 않다. 그러나
동물의 부정적인 경험을 덜어주는 데 있어서 인간의 의무
를 사회적, 법적으로 인정하는 것은 중요하다. 그렇게 되면

동물이 살아 있는 동안 안락함, 편안함, 안정감 등 긍정적인 감정들을 더 잘 느끼게 하려면 무엇을 해줄 수 있는지에 대해 자연스레 이야기하게 될 테니 말이다.

부정적인 감정을 일으키는 학대 등을 방지하려는 논의는 100년 이상의 역사 속에서 계속 이야기되어왔다. 이에 반해 동물의 행복 등 긍정적인 감정을 위한 논의는 비교적 최근에 시도된 일이기 때문에 더 많은 연구와 합의가 필요하다. 현실적으로는 동물복지 기준을 동물의 정서적인 만족도를 고려해 강화하는 방식으로 방향성을 잡을 것이다.

부탄은 종종 세계에서 가장 행복한 나라로 언급되곤 한다. 부탄이 국가의 발전과 성공을 측정하는 전통적인 방식인 국내총생산GDP 대신, 국민의 행복과 만족도를 중심으로 하는 '총국가행복Gross National Happiness, GNH'을 국가의 성공목표로 삼고 있기 때문이다.

기존의 세계행복보고서World Happiness Report가 지표로 삼고 있는 1인당 국민총생산, 사회적 지원, 기대수명, 개인의 자유, 사회의 부패 정도, 기부 행위 등에서 부탄이 상위권에 속하는 국가는 아니다. 그러나 부탄은 환경 보호, 문화적 가치를 경제 발전과 함께 보고 국민의 행복이 최대화될 수 있는 전략을 추구함으로써 국가의 가치를 새롭게 정립하고자 했다.

다시 이런 의문이 생긴다. 동물의 행복은 국가 행복의 총량에 포함되어야 할까? 고통받는 동물보다 행복한 동물이 많은 나라는 인간에게도 바람직할 것이다. 동물복지 향상을 위해 객관적인 지표를 세우고 세부적인 계획을 마련하는 것은 중요하다. 그러나 동물의 행복을 사회의 가치로 정립하는 합의가 그보다 더 중요하다.

동물의 고통에
공감한다는 것은
무엇인가

인간이 할 수 있는 가장 인간적인 일

인간이 동물의 고통에 공감한다는 것은 어떤 의미일까? 인간이 동물의 고통에 공감하고 고통을 책임진다는 것은 한편으로는 동물과 인간의 공통점을 인식한다는 것이다. 특히 같은 동물로서 고통과 죽음을 겪는 유한하고 부족한 존재라는 것을 인지한다는 의미다. 변화하는 지구 생태계에서 동물과 인간은 같은 어려움에 처해 있다. 따라서 동물을 대하는 우리의 태도는 인간의 윤리적인 수준을 드러내고 지속 가능한 삶의 형태를 변화시킬 수 있다.

　인간이 진화를 통해 발달시켜온 타인의 고통에 대한 본능적인 공감은 동물에 대한 배려의 시작이다. 이는 인간과 동물의 관계의 시작이기도 하면서 또 동물을 배려하는 일종의 사회적인 상식을 만들어나가는 일의 시작이기도 하다. 그래서 우리와 관계를 맺고 살아가는 동물의 고통에 공감한다는 것은 동물 안전과 안녕에 대한 인간의 책임과 직접적으로 연결된다. 어쩌면 이것은 인간이 할 수 있는 가장 인간적인 일일지도 모른다. 동물의 행복이 무엇인지 그 개념을 명확히 규정할 수는 없지만, 동물이 겪는 부정적인 경험을 줄이고 긍정적인 경험을 늘리는 것은 선택이 아니라 의무다.

인간과 동물의 취약성은 연계되어 있다. 현대사회에서 동물의 고통과 죽음은 공간적으로 또 문화적으로 가려진다. 공장식 축산 농장과 도축장, 살처분 현장은 도시에 살고 있는 많은 사람이 쉽게 볼 수 없는 공간이다. 따라서 그 안의 동물과 인간이 어떻게 살아가고 있는지 잘 알지 못할뿐더러 기사로 접해도 쉽게 잊혀진다.

동물의 고통이 있는 곳에는 이런 업무를 수행하는 인간이 반드시 존재한다. 따라서 동물과 인간의 고통이 연계되어 있음을 알아야 한다. 사회에서 동물이 고통받는 방식과 사회적 약자가 고통받는 방식이 유사함을 인식하는 것 역시 중요하다. 그래야 취약성을 가진 인간과 동물에 대한 공감력이 늘어나고 돌봄이 함께 이루어질 수 있기 때문이다.

공감 능력이 있는 인간이라면 동물이 고통을 겪는 것을 바라보는 그 자체만으로도 충분히 고통스럽다. 따라서 인간과 동물의 고통에 대한 공감과 배려 그리고 윤리적 대응은 동떨어져 있다고 보기 어렵다.

동물의 고통에 대한 인간의 공감은 사회를 보다 인정 넘치고 행복한 곳으로 바꿀 수 있는 힘이 된다. 농장, 실험실, 축산물 교역, 동물생산의 모든 영역에서 동물복지를 개선하고 동물 고통의 총량을 줄일 수 있다. 이런 경험은 인간의 윤리적인 행동을 증진시키고 인간 상호 간의 관계에도 긍정적인 영향력을 가져온다. 그리고 사회가 중요시 여기는 생명 존중의 가치를 실현하는 길이 된다.

예방적 살처분을 실행하는 사람들이
외상후스트레스장애를 겪는다는 이야
기를 들었다. 동물뿐 아니라 사람에게
도 큰 고통을 안기는 예방적 살처분과
관련해 실제적인 변화의 움직임이 있
는지 궁금하다. 해외에서도 여전히 예
방적 살처분이 실시되고 있는가?

예방적 살처분은 동물을 병원체에 오염되었거나
오염될 가능성이 큰 위험 요인으로 보고 제거하려
는 방역의 방식이다. 경제적 가치가 우선시되는

농장동물에서는 전염병의 위험을 차단하는 것이 무엇보다도 중요하기 때문에 이런 강력한 예방법을 써왔다. 특히 축산물 교역에 있어 장벽이 되는 전염병의 피해를 줄이고자 했던 것이다. 그러나 최근에는 병원체의 특성을 고려해 차단 방역과 백신을 활용하고 살처분 규모를 줄이는 것이 더 효율적이라는 지적이 있다. 그리고 예방적 살처분이 축산 노동자와 지역사회에 미치는 악영향이 크다는 것은 이미 잘 알려진 사실이다.

몇백 만두에 달하는 동물을 살처분하고 이 사체를 소각하거나 매몰했던 경험이 있는 유럽과 우리나라의 연구 결과는 어떨까? 전염병 방역에 대한 의사결정에 있어 이런 사회문화적 요인을 고려해야 한다는 점을 강조하고 있다. 사람에게 위험한 인수공통감염병의 경우, 살처분이라는 방역 방식을 완전히 없애는 데는 어려움이 있다. 하지만 살처분 규모를 줄이고 백신과 전염병 예방에 힘쓰는 노력 역시 지속되고 있다.

동물복지는 동물의 즐거움과 행복을
지향하는 수준까지 나아가고 있음에
도, 현실에서는 길고양이 등 동물들을
대상으로 하는 학대가 자주 일어나고
있다. 이런 일이 왜 일어나는지, 이를
예방하기 위해 필요한 것은 무엇인지
궁금하다.

동물은 인간보다 취약한 존재로 이들의 목숨을 빼
앗는 것은 비교적 가벼운 일로 간주되는 경향이
있다. 그래서 동물 학대가 보다 쉽게 일어난다고
도 볼 수 있다. 주인이 없고, 환영받지 못하는 길
고양이는 특히 이런 폭력에 더 쉽게 노출되며, 상
대적으로 학대자는 드러나지 않는다.

그러나 취약한 동물에게 폭력이 가해지는 것
이 일상화된다면 인간에게도 그 위험이 미칠 것
이다. 그리고 그런 폭력은 동물과 관계를 맺은
모든 인간에게 고통을 주는 일이다. 길에서 동물
의 학대가 자행되는 지역이라면 결코 인간에게

도 바람직한 환경이 아니다.

통계적으로 동물 학대가 일어나는 가정에서 아동과 여성 학대가 더 빈번하게 일어난다고 알려져 있다. 그런 폭력을 예방하기 위해 가장 좋은 방법은 주위의 동물에게 관심을 갖는 것이다. 그리고 동물 학대가 범죄라는 인식을 갖는 것도 중요하다.

혹시 나의 삶의 터전에서 동물 학대가 일어나고 있지는 않은지 잘 살펴보고 빨리 신고해 알린다면 이후에 일어나는 다른 폭력을 줄이거나 막을 수 있다.

4부_____

낯설고
친밀하며
경이로운

또
하나의
지구 시민을
위하여

인간을 제외한 동물이 모두 사라진 세상을 상상할 수 있는가? 인간은 동물로부터 생존과 번성을 위한 도움을 받고 있으며 동물에 대한 책임과 의무를 진다. 이는 동물을 좋아하는 사람들만의 과제가 아니다. 동물에 대한 배려가 사회적 합의임을 알고 동물의 이익을 보장하는 쪽으로 의사결정이 이뤄져야 한다. 또한 인간과 동물이 함께 겪는 고통에 대해 깊은 논의를 이어가야 한다. 이런 과정을 통해 인간과 동물의 지속 가능한 관계를 만들어갈 필요가 있다.

저는 동물애호가가
아닙니다만

애호와 혐오를 뛰어넘는 사회적 합의

동물이나 인간동물관계 연구에 대해 발표하거나 의견을 말할 때 학자들은 종종 "우리는 동물애호가나 동물보호운동가가 아닙니다."라고 이야기하곤 한다. 인간과 동물에 대한 융합연구인 인간동물학은 인간 사회에서 동물에 대한 처우가 더 좋아지기를, 사회 안에서 동물이 조금 더 행복하기를 바라는 태도를 반영한다. 그래서 마치 동물에 대한 가여움과 안쓰러움으로 학문으로서의 객관성과 합리성을 오염시킨 것 같은 느낌을 주는 것에 대한 우려의 표현이다. 왜 이런 것을 우려할까? 동물에 대한 배려와 선호가 마치 동물을 좋아하는 사람들만의 특별한 책임이나 그 사람들의 유별난 태도인 것처럼 여겨지기 때문이다.

　동물애호가란 어떤 사람을 의미할까? 일본의 경우 동물 보호법을 '동물의 애호 및 관리에 관한 법률'이라고 한다. 소, 말, 돼지, 양, 산양, 개, 고양이, 집토끼, 닭, 집비둘기 및 오리 그 밖에 사람이 점유하는 포유류, 조류 또는 파충류를 애호동물로 지정하고 있다. 이 법의 목적은 동물의 학대 방지, 동물의 적정한 취급, 동물의 사랑에 관한 사항을 규정함으로써 국민 간에 동물을 사랑하는 기풍을 형성하고, 생명을 존중하며, 사랑과 평화의 감정을 함양함과 동시에 생명, 신체 및 재산에 대한 침해를 방지하는 것이다. 그렇기에 '동물애호'라는 단어는 국가의 동물 정책 방향성을 보여주는 데도 쓰일 수 있는 표현이다.

　그럼에도 우리가 동물애호가임을 이야기하기 꺼리는 이유는 무엇일까? 대체로 동물에 대한 배려와 선호는 동물을 좋아하는 사람들의 개인적인 취향으로 여겨지곤 한다. 그러다 보니 동물의 문제는 각자 알아서 해결해야 한다는 인식이 있다. 거기다가 동물 문제로 수선을 떠는 감정적인 사람들이 아님을 증명해야만 동물 문제에 대한 합리적이고 객관적인 의견을 제시할 수 있다는 편견이 영향을 미쳤을 것으로 보인다. 게다가 여기엔 동물을 좋아하지 않는 사람들에게 피해를 주지 않는 방향으로 동물 문제를 해결해야 한다는 강박도 작용한다.

이런 분위기다 보니 항상 동물에 대한 문제의 해법에 대한 논의는 동물을 좋아하는 사람과 그렇지 않은 사람들 사이의 반대와 찬성으로 나눠서 이루어진다.

예를 들어 개 식용을 금지하는 법과 제도를 만들 때면 개고기를 좋아하는 사람과 싫어하는 사람, 개를 키우는 사람과 그렇지 않은 사람으로 나누어 찬반 의사를 묻곤 한다. 재난 상황에서 동물에 대한 대책을 세워야 하는 정책 담당자들은 '개를 싫어하는 사람이 있으니 대피소에 동물이 머물 곳을 만들어서는 안 된다'고 말한다. 이런 논리에는 모순이 있다. 모든 사람이 좋아하는 동물은 없을 테니 우리는 동물 정책을 만들 때 항상 좋아하는 사람과 싫어하는 사람을 구분해야만 한다는 이야기가 된다.

그러나 동물에 대한 인도적인 처우는 인간의 본능에서 비롯된 공감의 능력인 동시에 동물과 함께 살아온 사람들의 역사적이고 사회적인 경험에서 나온 결과물이다. 그렇기에 특정 동물에 대한 선호와는 상관없는 윤리적이고 상식적인 의무다. 지구상의 모든 사회가 가진 인도적인 문화와 규범 안에 동물의 생명에 대한 존중이 잘 담겨 있다. 불교와 힌두교의 교리에서 동물은 사람과 마찬가지로 고통을 겪을 수 있는 존재로 여겨진다. 더불어 동물을 함부로 대하지 않는 것은 사람에게 그러지 않는 것과 마찬가지로 인식된다.

크리스트교는 인간이 동물을 사용할 수 있는 권리를 신에게서 부여받았지만, 이들을 잘 지켜내는 청지기 역할을 해야 함을 강조한다. 유교에서는 동물은 인간과 함께 우주를 구성하는 존재이며 인간이나 다른 동물의 삶을 위해서 먹히고 이용되기는 하지만, 이를 함부로 하는 것은 인(仁)이 아니라고 가르친다. 이슬람에서는 동물이 신의 섭리를 가르쳐주는 존재로 여겨지기 때문에 동물에게 고통을 주는 행위는 비난받아야 한다.

이처럼 어떤 종교, 어떤 문화에서도 동물을 두고 함부로 대해도 되는 존재라고 규정했던 적은 없다. 오히려 동물을 인도적으로 대하고 동물을 배려하는 것이 인간이라면 당연히 지켜야 하는 가치였다. 사회적인 합의로서의 동물에 대한 인도적인 처우는 결코 낯선 것이 아니다.

공존을 위한 시민사회의 활약

사회적으로 합의된 내용을 근거로 동물에 대한 처우를 개선하는 데 있어 시민 활동은 역사적으로 큰 영향을 미쳤다. 시민사회의 움직임으로서 동물보호운동은 언제, 어떻게 생겨났을까? 동물보호운동은 무엇을 계기로 시작되었을까? 또 어떤 사람들이 동물보호운동에 주로 참여했을까? 2부와 3부에서 언급된 영국의 왕립동물학대방지협회는 1824년에 생겨났다. 아서 브룸Arthur Broone 목사가 발족한 이 협회의 활동은 갈색 개 사건과 마틴 법 같은 사회적인 사건으로 야기된 사회적 분위기를 반영한다.

당시 유럽에서는 의학과 과학의 발전을 위한 생체해부, 동물들을 위락용으로 보고 싸움을 붙이는 일, 식민지의 신기한 동물들을 잡아와 구경거리로 만드는 일이 자행되고 있었다. 이런 일들은 사람들의 상식과 윤리에 어긋나는 일이었다. 때로는 여성이나 노동자 같은 사회 취약계층의 어려움과도 연계되어 경각심을 더 높였다. 그래서 법률가와 귀족, 여성들이 초기 동물보호운동에 적극 참여했다.

협회의 초기 활동은 투견, 투우 등 동물싸움과 사역동물에 대한 학대, 그리고 고양이에 대한 학대를 막는 활동 등을 시작으로 영향력을 넓혀 나갔다. 미국에서는 뉴욕시 의원이었던 헨리 버그^{Henry Berge}가 1866년 미국동물학대방지협회_{American Society for the Prevention of Cruelty to Animals}를 설립했다. 영국에서와 마찬가지로 미국에서도 노동력을 제공하는 동물의 학대금지가 중요한 업무였다. 일본에서는 1948년 일본동물애호협회가 발족되었고, 아시아의 다른 지역에서도 1990년대를 전후해 각 지역의 문화와 지역적 특색을 반영한 단체들이 생겨났다. 우리나라에서는 동물자유연대와 동물권 행동 카라를 비롯해 다양한 시민단체들이 활동하고 있다.

그러나 동물보호단체의 활동은 때로는 한계에 부딪히고 때로는 비판에 직면한다. 이를테면 미국의 가장 큰 동물보호단체인 PETA_{People for the Ethical Treatment of Animals}는 동물이 존중받는 세상을 만드는 것을 목표로 다양한 방식의 동물 보호 메시지를 전달하고 있다. 이들은 동물에 대한 잔혹 행위를 고발하기 위해 농장이나 연구시설에 잠입하거나 극단적인 도발을 하는 것은 물론이고, 때로는 사회적 물의를 일으키기도 한다.

예를 들어 '당신 접시 위의 홀로코스트^{Holocaust on Your Plate}' 같은 캠페인을 통해 육식을 위한 공장식 축산이 유대인 홀로

코스트와 같음을 주장했다. 이 일로 역사적 비극을 부적절하게 사용해서 대중을 자극한다는 비판을 받았다. 또 '엄마는 동물을 죽입니다Your mommy kills animals'라는 캠페인의 경우, 어린이들에게 배포된 만화에서 식용으로 쓰이는 동물의 고통을 적나라하게 공개해 비판을 받기도 했다.

여러 논란에도 불구하고 동물보호단체들은 전 세계적으로 동물복지에 대한 인식을 높이고 사회적 변화를 이끌어내는 데 있어 성과를 거두었다. 초창기 동물보호운동이 생체해부 반대와 동물 학대 방지에 초점을 두었다면, 현대 동물보호운동의 흐름은 더욱 전문적이다. 제2차 세계대전 이후 반려동물의 수가 늘어나면서 동물 학대와 동물유기, 지역사회의 동물 수 조정, 안락사와 같은 새로운 문제들이 생겨났다. 그리고 육식과 모피에 대한 저항, 공장식 축산에 대한 거부 등 거대 산업계와의 갈등을 야기하는 보다 복합적이고 사회적인 문제에 대한 새로운 접근이 필요해졌다. 이런 이유로 동물보호운동의 흐름 역시 달라질 수밖에 없었던 것이다.

우리나라에서는 동물보호단체들의 가장 성공적인 성과로 2013년 돌고래 제돌이 방사를 들 수 있다. 2009년 불법 포획되어 돌고래쇼에 이용되던 남방큰돌고래 제돌이는 동물보호단체와 환경단체 그리고 과학자들의 지속적인 문제 제기로 대중의 큰 관심을 끌었다. 결국 정부의 지원하에 방사 재활 프로그램을 거쳐 방사 후 야생에 성공적으로 적응할 수 있었다.

또한 2000년대 이후 지속적으로 시도해온 개 식용 금지도 성과가 있었다. 2018년 대법원에서 개 전기도살 불법 판결을 이끌어냈으며, 2021년 사회적 합의체가 참여해 지속적인 금지 법안 발의에 영향을 미쳤다. 그 결과 2024년 '개의 식용 목적의 사육·도살 및 유통 등 종식에 관한 특별법'을 제정하는 큰 성과를 올리기도 했다. 이런 성과들은 동물 전반에 대한 대중의 인식을 전환하고 동물복지나 동물권이라는 개념을 익숙하게 만드는 데 기여하고 있다.

현재 동물보호운동은 동물의 고통을 줄이는 것과 함께 동물의 자연스러운 습성, 안락함, 행복을 보다 더 배려하는 동물복지의 흐름을 반영한다. 또한 동물에 대한 사회적인 인식 재고를 위해 캠페인은 물론 동물보호법 개정과 같은 정치적인 활동도 병행하고 있다. 위험에 처한 동물을 구조하고 보호하는 데 있어서는 단체가 자체 운영하는 보호소나 재활시설을 적극 활용하기도 한다.

동물보호와 복지는 새로운 가치가 될 수 있는가?

오랜 시간 지속되어온 시민의 자각과 동물보호운동은 어떤 변화를 만들어냈을까? 우선 사회적인 인식의 변화와 관련 법과 제도의 정비가 이루어졌다. 특히 사회적인 인식의 변화는 현재는 동물보호나 동물복지가 국가와 지방자치단체의 의무로 인식되는 수준까지 왔다. 자라나는 학생들이 동물의 보호나 복지에 관련된 사항을 교육받을 수 있도록 노력하는 의무 역시 국가와 지방자치단체가 져야 한다.

이제 동물의 안녕은 동물애호가만이 아니라 인간이라면 누구나 관심을 가져야 하는 일이 되었다. 「2023년 동물복지에 대한 국민인식조사」의 통계에 의하면 동물보호법을 인지하고 있는 응답자는 약 72퍼센트, 동물복지 강화를 원하는 응답자는 75퍼센트에 달했다. 31.1퍼센트는 동물복지 예산이 부족하다고 생각했다. 63.5퍼센트는 동물보호 전담기관의 설립이 필요하다고 응답했으며, 농장동물의 복지 수준을 향상시키기 위해 평균 21.1퍼센트의 추가 비용 부담 의향을 보이기도 했다.

실제로 동물복지 인증 축산물을 구입해본 경험이 있는 응답자도 67.3퍼센트였다. 경제 수준과 교육 수준이 높은 사회에서 동물복지에 대한 관심이 높고 적극적인 태도를 보인다. 이러한 기존의 상식을 참고하면 향후 우리 사회의 동물복지 수준에 대한 관심은 더욱 높아질 것으로 보인다.

동물에 관련된 공공부문의 정책에도 최근 20여 년간 많은 성과가 있었다. 동물보호법에 의해 우리나라의 농림축산식품부 장관은 5년마다 동물복지 종합계획을 세워야 한다. 그리고 동물의 보호와 복지에 관한 대국민 교육과 홍보를 진행할 책임과 의무가 있다. 이처럼 동물의 복지를 살피는 것, 동물의 고통과 동물의 행복을 헤아리는 것 자체가 국가와 지방자치단체의 의무다. 이제 동물에게 필요한 제도를 만들고 동물을 구조하고 보호하는 일은 '동물애호가'들의 취미생활이 아니라 국가의 의무가 되었다.

우리는 인권 혹은 환경 보호, 지속 가능성 등 시대가 요구하는 새로운 가치에 대해 끊임없이 이야기하고 연구한다. 그렇다면 동물보호 혹은 동물복지도 현대의 새로운 가치가 될 수 있을까? 이제는 동물 학대 방지 이상으로 동물의 삶의 질을 보장하는 데도 국가가 의무를 진다. 그리고 시민들은 본질적으로 생명을 지닌 모든 존재를 존중해야 한다는 가치를 담아서 사회적·보편적인 가치로서 동물복지와 동물보호를 받아들이고 있다. 동물의 고통, 안락함, 행복을 배려해야 한다고 주장하는 일이 몇몇 동물애호가의 외로운 싸움이나 특별한 주장이 아니라는 말이다.

우리는 모두 동물에 대해 신경 쓰고, 동물이 어떻게 살고 있는지에 대해 신경 써야 한다. 또한 그러한 가치를 추구하는 나라에 살고 있다. 마하트마 간디Mahatma Ganhdi의 의견대로 한 나라의 도덕성과 문명의 수준은 그 나라가 동물을 어떻게 대하는지에 의해 판단될 수 있을지도 모르겠다.

최근에는 이와 같은 수준을 측정하는 지표가 공개되기도 했다. 예를 들어 동물보호단체인 WAPWorld Animal Protection에서는 동물의 고통에 대한 인지와 동물 고통 금지가 법에 명시되어 있는지, 농장동물, 반려동물, 실험동물 등에 대한 동물복지법 조항이 존재하는지, 동물보호 전담 기관이 있는지, 국제 동물복지 표준을 준수하는지 등을 지표로 삼아 각국의 동물복지 수준을 평가했다. 우리나라는 A에서 G까지 7등급 중 4등급인 D 수준으로 유럽의 이탈리아나 스페인 수준에 머물러 있다.[22]

동물 이슈에
접근하는 신중한 방법

복잡하게 얽힌 동물 문제들

사회의 다른 문제들과 마찬가지로 동물 문제 역시 복잡한 데다 수많은 이해당사자가 얽혀 있다. 또한 우리 사회에서 동물로 인한 갈등이라 여겨지는 사건들은 언론보도에서는 자세한 맥락이 드러나지 않은 경우가 많다. 대신 위기, 사회 갈등이라는 자극적인 표현으로 소비될 뿐이다. 동물로 인한 갈등은 그 자체가 너무 복잡해서 짧은 지면에 다 설명할 수 없는 경우가 많기 때문이다.

예를 들어 길고양이의 배설물과 울음소리 때문에 화가 난 한 주민이 구청에 민원을 제기하다가 칼로 공무원에게 상해를 입힌 사건이 있었다. 그러면 이 사건은 '길고양이로 인한 갈등'이 된다. 그러나 이 사건의 본질은 인간의 폭력이다. 공무원을 함부로 대하고 폭력을 행사하는 행위를 정당화할 수 있는 이유는 없다. 그럼에도 이 사건은 길고양이가 불러온 사회적인 문제로 취급된다. 이 문제를 해결하기 위해 길고양이 대책이 필요하다고 주장한다. 실제 길고양이 민원을 분석한 한 기사[23]에 따르면 길고양이에 대한 부정적인 민원은 고양이 사체 처리나 음식물 쓰레기 훼손에 관련된 것이 많았다. 그리고 긍정적인 민원은 고양이 구조에 대한 것이 가장 많았다.

길고양이의 삶과 이로 인한 불편은 폭력을 정당화할 근거가 되지 못한다. 동물 이슈가 본질적으로는 동물 문제가 아닌 경우가 많아 사건의 맥락을 파악하기가 힘들다. 우리 사회의 가장 취약한 존재인 동물, 심지어 주인도 없고, 생태적인 가치도 미약한 길고양이를 통해 다층적인 사회문제가 드러나는 경우가 많기 때문이다. 표면적인 문제만으로는 사건의 맥락을 파악하는 것이 어렵다.

도둑고양이로서 박멸의 대상이었던 길고양이가 대학 캠퍼스와 지역사회에서 돌봄과 구조의 대상으로 변해가는 것은 동물을 보는 사회의 시각과 태도의 변화를 반영한다.

1990년대 이후 도시의 대규모 재개발로 인해 임시로 버려진 공간이 늘어났으며, 전통적인 주택구조가 없어지고 그 자리를 메꾸는 아파트라는 새로운 환경이 생성되었다. 이런 낯선 환경이 도시 동물에게 어떤 영향을 미치는지, 그리고 도시 내 인간과 동물의 관계를 어떻게 변화시키는지에 대한 이해가 선행되어야 한다. 이에 대한 이해가 없다면 도시 지역 길고양이 돌봄에 있어 아주 중요한 관점을 잃게 된다. 동물 문제가 발생했을 때 이것을 어떻게 분석해서 보여주느냐는 매우 중요한 일이다. 그리고 이는 사회의 갈등 대응 능력을 보여주는 기준이 되기도 한다.

동물 이슈를 다루는 전문가에는 어떤 이들이 있을까? 우선 동물보호단체를 떠올릴 수 있다. 또 동물 대상 산업의 대표 집단이나 수의사도 여기에 포함될 것이다. 그 밖에 동물행동학자, 동물 관련 정책 담당자, 국회의원 등도 동물 이슈를 다룬다. 동물 이슈의 다층적인 문제를 파악하기 위해서는 이들의 역할이 중요하다.

이들은 저마다의 입장에서 동물을 배려하고 인도적인 처우를 실현하고자 한다. 동물을 위해 일하고 있는 사람들조차 동물에 대한 철학과 태도의 스펙트럼이 상당히 넓고 다양하다. 그렇기에 현실적으로 동물 문제에 있어서 합의를 이루어내기란 쉽지 않다. 전문가들이 저마다의 색깔을 가지고 각자의 이익을 위해 대립하는 방식으로 만나는 경우가 많기 때문이다.

한편 동물의 이익을 다루는 방식도 각기 다르다. 인간이 하나의 동물 개체 혹은 한 종의 이익을 고려한다고 할 때 이것이 전체적인 생태계 안에서도 동물 개체 혹은 한 종의 이익을 고려하는 결과인지 확인하기가 어렵다. 또 어떤 특정 동물의 이익만이 우선시될 경우 과연 인간의 이익과 상관없이 정말 그 동물의 이익만을 대변하는 것이 가능한지도 의문이다. 왜냐하면 동물의 이익을 대변할 때 전문가 집단은 그들이 가진 특성, 주요 관심사에 따라 특정 부분을 의도적으로 더 부각할 수도 있고 무시할 수도 있기 때문이다.

그러다 보니 다층적인 문제의 맥락을 파악하기 어려워진다. 실제로 이런 것까지 전부 다 포함해서 동물을 둘러싸고 벌어지는 갈등을 이해하려 들면 문제가 너무 복잡해진다. 바로 이 지점에서 발목이 잡히게 되고, 이것이 동물 이슈에 대한 관심을 멈추는 이유가 된다.

마라도 고양이 사건을 대하는 우리의 자세

합의를 이루어내기 어려웠던 동물 문제 중에는 2023년 겨울 마라도 고양이 사건이 있다. 처음에는 멸종위기종인 뿔쇠오리를 보호하자는 의도에서 화제가 되기 시작됐다. 그러나 결국에는 '모든 고양이를 살처분해야 한다'라는 극단적인 주장이 제기되었고 혼란 끝에 결국 마라도의 고양이를 포획해 방출하는 것으로 마무리되었다. 이 사건에서 마라도 고양이는 일단 멸종위기종인 뿔쇠오리를 공격하는 죄를 가진 동물로 인식된다. 그래서 마라도 고양이를 신속하게 제거하지 않으면 뿔쇠오리는 멸종의 위험에 처할 것으로 여겨졌다.

아마도 뿔쇠오리는 새로운 서식지를 찾아 나선 듯싶고, 마라도에는 최근에 이동해온 것으로 보인다. 뿔쇠오리의 이동 경로, 개체군 번식 특성 등에 대해 진행된 연구는 전무하다. 고양이가 뿔쇠오리 개체군에 미친 영향에 대해서도 명확지 않다. 단 한 편의 논문이 전부다.

이 논문은 (미발표 자료에 의거해) 200쌍 이상으로 추정되는 마라도 뿔쇠오리에 대해 고양이 성체 한 마리가 매년 1.2마리를 죽인다고 추정했다. 고양이를 중성화해 관리하지 않으면 20년 뒤에는 뿔쇠오리가 절멸할 것이라는 주장을 폈다. 그러나 2023년 겨울까지 뿔쇠오리 생태에 영향을 주는 다른 환경 요인에 대한 연구는 이뤄지지 않은 상태였다.

마라도 해녀들은 어망을 씹어 망가뜨리는 쥐 문제를 해결하기 위해서 예전부터 고양이를 길렀다. 2021년 한 동물보호단체가 중성화 캠페인에 나설 때는 120마리까지 늘어난 것으로 추정되었다. 이후 지속적인 중성화로 약 60여 마리로 감소했고, 90퍼센트 이상이 중성화된 개체로 확인됐다.[24]

관광객들이 많이 찾아오면서 마라도에 식당들이 생기게 되었고, 사람과 식당이 늘어나면서 자연스레 쥐들도 늘어났다. 쥐가 늘어나 이로 인한 피해가 증가하자 인간은 쥐를 제어하기 위해서 마라도로 고양이를 더 데려왔다. 고양이는 자연의 순리대로 번식을 거듭했고 그 숫자도 점점 늘어났다. 고양이는 조류를 사냥한다. 뿔쇠오리뿐만이 아니라 다른 새들도 고양이에게 포획당했을 가능성이 있다.

사실 쥐가 많아지는 것은 뿔쇠오리를 비롯한 철새에게도 좋은 일이 아니다. 왜냐하면 쥐는 새의 알을 갉아먹는 등의 피해를 줄 수 있는 동물이기 때문이다. 쥐뿐만이 아니다.

다른 새들도, 뱀도, 조류에게 피해를 입힌다. 그러나 고양이는 이런 쥐를 제어하는 수단이다.

마라도 고양이 사건처럼 동물과 동물의 이익이 충돌하는 경우가 종종 있다. 이때 이것이, 인간이 만든 환경 내에서 이루어진 충돌인지, 인간이 만든 환경과 외부 동물의 이익의 충돌인지에 따라 인간이 할 수 있는 역할도 달라진다. 인간이 제어하는 환경과 그렇지 않은 환경은 인간이 개입할 수 있는 여지, 인간이 대변할 수 있는 이익이 다를 수밖에 없기 때문이다. 그런데 인간과 동물이 함께 살고 있는 생태 환경은 복잡하다. 가축과 야생동물이 포함된 환경은 인간과 동물, 동물과 동물 사이에 복잡한 관계를 내포하고 있다.

일각의 주장처럼 마라도에서 모든 고양이를 전부 다 제거한다면 모든 문제가 해결될까? 아마도 그렇지 않을 것이다. 고양이가 전부 없어지면 당연히 쥐가 다시 늘어난다. 그러면 쥐의 개체 수를 줄일 또 다른 방법이 필요하다. 만약 그 방법이 쥐약이라면 어떨까? 쥐를 잡는다는 애초의 목적은 확실히 성공할 수 있겠지만, 다른 동물들도 죽게 되는 또 다른 문제가 발생할 것이다.

그게 끝이 아니다. 야생에 살고 있는 쥐들까지 모두 죽게 된다면 새들의 먹이가 사라지게 된다. 쥐는 사실 마라도의 생태계에서 여러 가지 기능을 담당한다. 각 동물이 생태계에서 담당하는 모든 기능을 인간이 다 이해하고 있느냐도 문제. 그것은 사실상 불가능한 일이다. 이런 복잡한 관계를 전부는 아니더라도 가능한 한 많은 부분 이해한 다음에야 인간은 비로소 어느 지점에 개입하고 어느 정도로 개입할지, 이에 대해 어떤 책임을 질 것인지 논의하고 합의할 수 있다. 그러다 보니 이러한 과정을 짧은 시간 내에 해내기란 매우 어려울 수밖에 없다.

옳고 그름을 떠나 다양한 시각으로 바라보기

우리 사회에 동물 이슈를 바라보는 다양한 시각이 존재하는 이유는 무엇일까? 우선 동물에 대한 경험과 인식의 차이 때문이다. 동물에 대한 경험은 시대마다 변화하는 사회 문화의 영향을 받고 이런 동물에 대한 경험은 동물에 대한 인식에 큰 영향을 미친다. 그러므로 이런 영향을 투영해 동물 이슈를 바라보는 시각들은 다를 수 있다. 우리 사회에 동물 이슈를 바라보는 다양한 시각이 존재하는 또 다른 이유 중 하나는 미디어의 영향이다. 동물 이슈는 우리 사회에

새롭게 등장한 이슈다. 그래서 우리 사회는 동물 이슈를 다루는 데 있어서 아직은 조금 어설프다.

미디어에는 동물 이슈를 찬성과 반대로, 좋아하는 쪽과 싫어하는 쪽으로 나누어 갈등과 대립의 구조로 만들려고 하는 흐름이 있다. 동물 이슈가 자극적이고 가볍게 이야기하기 좋으며 사람들의 관심을 끌기 쉽기 때문이다. 앞서 언급했듯이 동물 이슈가 가진 복잡한 상황을 전부 다 이야기하기가 어렵다는 점도 미디어가 대립 구도를 선택하는 이유다. 동물 이슈는 사회의 새로운 문제이기 때문에 이를 잘 다루기 위해서는 우리 사회도 더 많은 훈련이 필요하다.

마라도 고양이 사건도 마찬가지다. 이 문제를 해결하기 위해서는 꾸준히 데이터를 수집하고 전문가들끼리 많은 대화를 나눌 필요가 있었다. 그런 과정을 통해 논의가 정리된 후에 의사결정을 해야 했으나 현실은 그렇지 않았다.

미디어에 의해 대립 구조가 만들어진 상황에서는 이런 틀을 깨기가 어렵다. 동물 이슈에 대한 해결 방식을 만들어 낼 때는 각 전문가의 의견을 끝까지 듣는 참을성과 합리적인 근거로 논증하고 반박하는 깊고 넓은 대화가 필요하다. 그리고 동물 이슈를 해소하기 위한 의견을 모으고 정책을 만들기 위해서 전문가들의 원활한 소통도 필요하다. 하지만 현실에서는 전문가들의 소통 부재가 심각하다. 전문가들이 자신의 전문 분야에서만 일을 하다 보니 다른 분야의 전문가들과 한자리에 모여서 한 가지의 문제를 두고 이야기할 기회가 부족하다.

사실 섬 환경에서 고양이처럼 인위적으로 사람이 이동시킨 포식자가 섬 생태계의 중요한 동물을 포획한 사례는 흔히 발견된다. 동중국해 일본 오키나와의 한 섬인 아마미오시마奄美大島와 브라질의 페르난두데누로냐Fernando de Noronha 군도에서도 비슷한 일이 벌어졌다. 주민들이 키우던 고양이가 야생으로 도망가면서 이 섬의 고유종인 동물에 영향을 미쳤다.

일본은 초기에는 고양이를 적극적으로 포획해 살처분하고 야생 고양이 번식을 막기 위해 주민과 관광객들에게 밥 주는 것을 금지했지만 효과가 크지 않았다. 고양이 수가 줄긴 했지만, 오히려 포식성이 높아져서 야생동물에게 해를 입힐 위험이 더 커졌기 때문이다. 결국 주민 의사를 반영해 관리가 가능한 고양이는 등록해서 주인이 돌보도록 하고, 야생화한 고양이는 포획해 살처분하는 방법을 적용했다.

브라질에서도 과학적 분석을 통해 고양이를 일방적으로 제거하는 것보다 중성화를 병행하는 것이 고양이 수 조절에 더 효과적이라는 결론이 나왔다. 그래서 야생화한 고양이를 포획한 뒤 다시 길들일 수 있는지 여부를 확인해 살처분과 중성화 후 입양하는 걸 병행했다.

이런 사례를 충분히 고찰하고 전문가들의 합리적인 의견과 지역 주민의 의견을 모은 뒤 뿔쇠오리, 고양이, 그 밖의 다른 동물들, 그리고 사람과의 관계를 모두 고려해 장기적인 계획을 세울 수 있을 것이다. 그런데 실제로 진행된 것은 고양이 포획과 방출뿐이었다. 이후 뿔쇠오리의 서식과 번식 규모, 피해 상황이나 남아 있는 고양이에 대한 조사, 쥐의 수와 그 밖의 영향에 대한 조사가 추가되었어야 했다. 그러나 그런 조사 역시 제대로 이뤄지지 않았다.

섬 지역에 버려진 동물들로 인한 문제가 지속적으로 제기되고 있다. 안마도의 사슴, 부산 을숙도의 철새와 고양이, 비양도나 매물도의 흑염소 사례의 경우 동물이 생태계에 미치는 영향, 동물과 사람과의 관계가 모두 다르다. 따라서 각각의 상황에 따른 분석과 해결 방안이 필요하다. 그리고 무엇보다도 가축인 동물을 섬으로 유입할 때는 이들

동물을 관리하고 섬 생태에 미치는 영향을 모니터링하는 원칙이 필요하다. 그렇지 않다면 불필요한 갈등과 대립 속에서 결국 동물은 사라지고 싸우는 사람들만 남게 될지도 모른다.

동물도 정치에
참여합니다

동물의 입장을 대변하는 사람들

우리는 동물권이라는 단어를 일상에서 자주 이야기한다. "우리에게 인권이 중요하듯 동물권도 중요하잖아요."라며 동물권을 언급하지만, 사실 동물이 어떤 권리를 가지느냐에 대한 문제를 깊이 생각하지 않은 채로 이야기하는 경우가 많다. 우리나라 헌법이 보장하고 있는 인권은 보편적이고 절대적인 권리로, 사람으로서 존엄성과 가치를 가지고 행복을 추구할 권리다. 그러나 사람이 갖는 권리와 동등한 권리가 동물에게 주어진다는 것은 불가능하다. 그래서 동물이 수단이 될 수 없으며 목적 그 자체로 존중받아야 한다는 철학적 의미의 동물권은 무거운 의미를 지닌 단어다.

동물에게 우리는 과연 어떤 권리를 부여할 수 있을까? 평등의 원리, 자유권, 참정권, 사회권, 청구권과 같이 헌법이 부여한 권리를 동물에게도 부여할 수 있을까? 현실적으로 동물보호법이 보장하는 동물의 권리는 학대받지 않을 권리 정도에 머문다.

동물의 사정을 인간의 법과 제도에 반영할 수 있을까? 동물의 이익을 대변하는 정치적인 움직임은 꽤 오래전부터 있어왔다. 우리나라에서도 진보와 보수를 떠나 정당 차원에서 동물에게 인도적인 처우를 보장하려는 정책적인 시도는 계속 진행되고 있다. 국회에는 초당적으로 동물복지포럼이 구성되어 있다.

동물복지나 동물보호에 대한 사회적인 분위기가 좀 더 강한 나라에서는 동물의 이익을 대변하는 '동물당The Party for the Animals'이 만들어지기도 한다. 네덜란드 동물당 같은 경우에는 최초로 의석을 차지하기도 했다. 이 외에 호주의 '동물정의당The Animal Justice Party', 영국의 '동물복지당Animal Welfare Party', 포르투갈의 '인간동물자연당People-Animals-Nature, PAN', 독일의 '인간환경동물보호당Human Environment Animal Protection Party'도 활발한 정당 활동을 하고 있다.

이 정당에 속한 정치인들은 동물의 이익을 대변하는 정책을 입법하고 정치 활동을 주로 하지만, 동물과 환경을 아우르거나 동물과 인간을 아우르는 인도주의적인 정치 활동들을 하는 경우가 많다. 따라서 진보적 성격의 정치 활동을 추진하는 편이다. 우리도 각 지역의 국회의원들을 뽑아 대변자를 보내는 간접적인 방식으로 정치에 참여한다. 그런 관점에서 보면 동물들 역시 정치에 참여하고 있는 셈이다.

최근에는 대통령 후보들도 동물 관련 공약을 내기 시작했다. 윤석열 대통령도 후보 시절 동물 공약을 제시했다. 동물 공약의 성격은 보통 두 가지로 나뉜다. 하나는 동물 학대 방지나 동물복지 증진 등 동물 자체를 위한 정책이고, 다른 하나는 동물을 키우는 사람을 위한 정책이다. 두 가지 다 매력적인 정책이다.

예를 들어 반려동물 표준 수가제, 치료비 경감 등은 동물을 키우는 사람들을 위한 정책임과 동시에 동물을 위한 정책이다. 동물 서비스 산업 육성은 둘 모두를 위한 것이지만, 동물을 키우는 사람들을 우선 배려하는 정책일 수 있다. 그밖에 강아지 공장 근절, 개물림 사고 예방과 같은 정책은 동물과 동물을 키우는 사람 둘 다를 위한 정책이다.

정치권에서 동물 정책에 관심을 갖는 것은 자연스러운 일이다. 그만큼 동물에 관심이 많은 유권자가 존재하기 때문이다. 이들은 정치 세력이자 반려동물 보호자로서 큰 의미를 갖는다. 즉 동물에 관련된 정책이 후보를 선택하는 데 있어 하나의 조건이 될 수 있다는 것이다. 특히 여성과 진보적인 정치 성향을 가진 사람들이 동물 친화적인 정책을 좀 더 옹호하는 것은 전 세계적으로 나타나는 현상이다.

우리나라에서도 비슷한 경향성이 나타나고 있긴 하지만, 정치 성향은 뚜렷하게 나누기 어려운 경우도 많기에 큰 의미를 부여하기는 어렵다. 다만 여성과 진보적인 정치 성향을 가진 사람들이 동물 친화적인 정책에 조금 더 우호적이라고 이야기할 수는 있을 것이다. 결국 정치에 영향을 줄 수 있는 세력, 정치에 참여할 수 있는 세력들의 동물에 대한 관심이 높아질수록 동물이 정치에 참여할 가능성이 커진다고 볼 수 있다.

미래의 동물 정책을 상상하다

현재 동물 정책은 어떻게 만들어지고 있을까? 우리 사회는 아직 동물 이슈를 다루는 데 있어서 경험이 부족하기 때문에 동물 정책을 만드는 데도 어려움이 따른다. 그러다 보니 동물 정책이 지엽적인 정책, 여론의 관심이 많은 반려동물 위주의 정책으로 치우칠 위험성도 있다. 동물 정책의 특성상 동물보호단체와 여론의 영향을 강하게 받기 때문에 대중의 관심이 있는 분야에 집중될 수도 있다.

현재 대부분의 나라에서 동물 정책을 마련하는 데 있어 가장 기본이 되는 건 농장동물이다. 국가의 동물 정책은 보다 많은 수의 동물을 대상으로 해야 하기 때문이다. 또한 농장동물은 대중의 관심에서 벗어난 경우가 많고 산업계와의 협력이 필요하기 때문에 국가의 개입이 더욱 요구되는 분야다.

물론 최근에는 사람들의 관심이 집중되는 반려동물을 위한 동물 정책도 만들어지고 있다. 동물복지 정책의 역사가 긴 영국의 예를 살펴보자. 2021년에 마련된 동물복지 계획 Action Plan for Animal Welfare의 경우 동물에 대한 돌봄과 보호 그리고 존중의 사회적 가치를 반영했다. 더불어 동물복지 표준에 있어 세계적인 리더가 되는 것을 목적으로 다섯 분야의 개혁을 담고 있다. 동물의 쾌고감수 능력을 인지하고, 동물복지법령을 강화하며, 국제 교역에서 동물복지를 주창하고 농장동물의 복지를 증진시키며, 애완동물, 스포츠 동물, 야생동물보호를 증진하는 것이 그 다섯 가지다.[25]

현재 우리나라는 동물 혹은 인간 동물 관계 중심적으로 동물 정책의 목표를 설정하는 데 이 목표 자체가 약간 모호한 상태다. 독일의 경우 2002년에 국가의 목표 안에 동물보호를 포함했다. 즉 모든 생물의 기반과 동물을 보호하겠다는 의지를 국가의 목표에 포함한 것이다. 또한 우리나라의 농림축산식품부에 해당하는 독일 연방식품농림부는 동물에 대한 보호 증진을 부처의 목적으로 한다는 점을 명확히 명시하고 있다.

이처럼 목표가 정확하면 동물 정책을 어떻게 만들어갈 것인지에 대한 구체적인 계획을 세울 수 있다. 한 국가가 동물 정책을 수립하기 위해서는 전문가의 과학적 연구가 기반이 되어 동물복지에 대한 이해 수준을 높이는 것이 선행되어야 한다. 나아가 관련 법률 및 규정을 명확하고 구체적으로 마련하고 동물보호를 위한 전략 및 실행 계획을 준비해야 한다. 이를 위해 관련 조직 및 이해관계자 간의 협력을 이끌어내고 정책 이행을 모니터링하고 평가할 수 있는 시스템을 갖추는 것 역시 필요하다.

우리나라의 경우 동물 정책의 큰 방향성을 국가나 사회가 이미 인정했다. 그럼에도 목표를 설정하고 구체적인 틀을 짜는 데 있어 정책의 전문성과 과학적 근거가 부족해 한계에 부딪히는 실정이다. 동물 문제를 해결하는 방식, 동물 정책을 제대로 세우고 배경을 만들어나가는 데 있어서 가장 중요한 것은 동물 문제가 얽혀 있는 복잡한 맥락을 이해하고 체계적으로 분석하는 일이다. 이를 위해서는 전문성을 쌓아야 하고, 동물에 대해 보다 정확하고 많은 데이터를 수집해야 한다.

가장 중요한 데이터는 동물의 수와 동물의 복지 상태다. 예를 들어 반려동물 데이터를 보면, 2020년 인구주택총조사를 통해 반려동물 수가 421만 마리로 집계된 적이 있다. 그동안 설문조사에 기반한 반려동물 수의 50퍼센트로 큰 차이를 보였다. 반려동물 생산에 대한 수도 명확하지 않다. 반려동물 등록률이 60퍼센트에 불과하기 때문에 역시 명확한 수를 파악하기 어렵다. 이는 국가나 지역의 반려동물 정책 기반이 명확하지 않게 설정되었음을 보여주는 단적인 예다.

그뿐만이 아니다. 농장동물의 복지 수준을 어떻게 측정하고 어느 수준까지 개선하겠다는 목표도 세우고 있지 못한 실정이다. 이와 더불어 특정 동물종의 복지 기준을 세우고 권고안을 마련할 준비도 되어 있지 못하다. 지금까지 동물 복지 정책은 선언적인 수준에 머물러 있다. 과학적이고 구체적인 정책이 필요한 시점이다.

동물에게도 참정권을!

법적 권리가 없는 동물이 참정권을 가질 수 있는가에 대해서는 이미 다양한 해석 가능성이 있다. 이러한 흐름은 동물의 권리가 사람의 인권과 같은 권리를 가질 수 있을까, 혹은 동물의 내재적인 가치를 인정하는 법적 체계가 가능할까, 만약 동물의 법적 지위가 보장되거나 혹은 보장되지 않는다면 동물의 정치적인 지위는 보장될 수 있을까와 같은 질문을 포함한다.

엘러스데어 코크런Alasdair Cochrane은 동물이 누릴 수 있는 정치적 권리를 주장한다. 이는 동물권의 정의에 대해 고민하기보다 현실적으로 동물의 가치를 고려한 인간의 정치 질서가 어떻게 재구성되어야 하는지를 고민하게 한다. 나아가 동물이 인간-동물 정치 공동체 내에서 어떤 배려를 받아야 할지에 관심을 갖도록 한다. 인간의 법 체계에서 동물의 내재적 가치와 권리는 인간의 것과 비교해 쉽게 무시될 수 있다. 따라서 코크런은 동물에게 법인격을 부여하고 이들이 정치적 대표성을 가질 수 있어야 한다고 주장한다.

이와 같은 동물윤리의 정치적 전환political turn in animal ethics은 피터 싱어나 톰 리건의 전통적인 권리에 대한 논의에서 벗어나 인간과 동물 모두의 정의를 확보하기 위한 정치 제도와 구조, 과정을 변화시킬 수 있는 방법을 찾는 방식이다.[26] 이미 동물윤리는 정치 철학의 언어가 아니더라도 동물에 대한 인간의 의무와 책임을 다분히 정치적인 방식으로 설명해왔다.

수 도널드슨Sue Donaldson과 윌 킴리카Will Kymlicka는 『주폴리스Zoopolis』에서 동물의 능력이 아니라 인간과 맺는 관계에 초점을 두고 인간의 의무를 구체화하려는 시도를 보였다. 이 체계에서는 인간과의 관계에 따라 동물에게 차별된 권리가 부여된다. 이를테면 가축화된 동물은 우리 사회의 일원이기 때문에 일종의 시민권citizenship을 갖는다. 인간 공동체 외부에 존재하는 독립적인 야생동물의 경우에는 일종의 주권sovereignity이, 길고양이나 비둘기 같은 경계동물은 사회의 일원으로 완전한 참여자가 될 수 없기 때문에 제한된 일종의 외국인 주민권denizenship이 주어질 것을 제안했다.

사람의 인권처럼 동물의 법적 권리가 기본권으로 보장되지는 않는다 하더라도, 세계 각국의 법에는 동물의 내재적인 가치에 대한 근거가 마련되어 있다. 동물의 정치적인 지위, 그리고 동물의 내재적 가치를 인정하는 제도를 만들기 위한 여러 가지 활동들은 아직까지 동물의 법적 지위를 보장하지 못한다. 동물의 법적 지위는 누군가의 소유물이다. 따라서 재산이 압류될 경우 반려동물은 압류 대상 물품이 된다. 또한 나의 동물이 누군가에 의해 상해를 입었을 때는 물품 손괴에 의한 피해보상의 대상으로밖에는 법적 보상을 받기 어렵다.

이런 이유로 최근 민법에 '동물이 물건이 아님'을 명시하기 위해 많은 사람이 노력을 기울이고 있다. 민법 개정안에는 제98조2(동물의 지위)를 신설하고 '동물은 물건이 아니다'라는 조항과 '동물에 대해서는 법률에 특별한 규정이 있는 경우를 제외하고는 물건에 관한 규정을 준용한다'라는 조항이 담겼다.

사실 동물이 사고팔 수 있는 상품이며 축산물인 상황에서 민법의 조항 변경은 상징적인 행위에 불과하다며 실망할 수도 있다. 이는 독일 민법이 1990년 신설한 조항과 유사하다. 그러나 독일은 이 조항을 신설한 이후 민법과 민사소송법에서는 피해를 입은 동물의 치료 비용을 산정할 때 동물의 가격으로 제한하지 못하게 했으며, 특별한 경우가 아니고서는 동물을 압류하지 못하도록 제한했다. 또한 동물보호법에서 동물 학대자의 동물의 소유권을 제한하는 조항도 강화할 수 있었다. 따라서 민법이 개정되면 그동안 동물의 법적 지위로 인해 문제가 되었던 위와 같은 상황에 변화를 가져올 수 있다.

그러나 법을 제정하고 강화하는 것만이 모든 문제의 해결책은 아니다. 사회의 인식과 정서가 법 집행에 담길 수밖에 없기 때문이다. 동물의 내재적인 가치를 인정하는 법을 어떻게 실행할 것인가를 생각해보자. 그렇게 되면 우리는 결국 동물을 물건으로 이용해오던 수많은 관행을 포기해야 한다. 어쩌면 우리가 동물을 먹고, 구경하고, 구입하는 모든 행위가 동물을 도구화하는 데 일조하고 있을지도 모른다. 따라서 직접적으로 동물당에 가입하지 않더라도 우리의 인식과 소비 행태를 전환하는 것만으로도 미약하나마 동물의 입장을 대변해주는 셈이 된다.

인간과 동물의 취약성은
연결되어 있다

재난 속에서 보호받지 못한 동물과 반려인들

건조한 계절이 되면 가정에서의 화재나 산불에 대한 보도
가 잦다. 산불이 나면 산 주변에 살고 있는 사람들의 주택
과 산림의 훼손만으로도 큰 피해가 생긴다. 2019년 6개월
간 계속된 호주 산불의 경우 한반도 크기의 임야를 훼손시
켰다. 검은 여름black summer 동안 주택과 건물 수천 채가 불탔
고 사망자는 33명에 이르렀으며 산불로 인한 스모크 피해
로 수백명이 사망했다. 5만 6000마리의 가축이 불에 타거
나 살처분되었으며,[27] 12억 마리 이상의 야생동물이 죽었
을 것으로 추정됐다.

그을음을 묻힌 코알라의 사진을 기억할 것이다. 이들은

살아남았더라도 서식지를 잃어서 오갈 곳이 없어졌다. 산불이 진화된 후에도 대기 악화가 이어져 인간과 동물 모두에게 피해를 입혔다. 이런 재해 상황에서 인간과 동물은 같은 위험에 노출된 동반자다. 홍수나 산불로 많은 사람이 죽거나 피해를 입는 상황에서 예전에는 동물의 피해를 이야기하는 것이 금기시되었다. 동물과 사람의 피해를 같이 이야기함으로써 사람의 피해 상황을 가볍게 보이도록 만들거나 사람들에게 가야 하는 자원이 동물에게 배분될 것을 우려했기 때문이다. 인간과 가까이 살고 있는 농장동물과 반려동물조차도 재난이 발생했을 때를 위한 대피나 구조 계획에는 포함되어 있지 않았다.

동물 지원 규정과 제도가 없었기 때문에 재난 시 사람들이 동물을 데려가지 못했고, 그 결과 동물은 재난 현장에 남겨지거나 묶인 채로 버려지곤 했다. 또 동물들을 데려가거나 대피시키고 싶어도 방법을 몰라 안타깝지만 그대로 남겨두는 경우도 있었다. 2019년 고성 산불 당시 반려동물 32마리가 유실되었다. 울타리와 목줄 때문에 많은 동물이 산불을 피하지 못했을 것으로 추측된다.[28]

재난 시 동물구조나 대피가 전 세계적으로 이슈가 됐던

것은 2005년 8월 미국 허리케인 카트리나로 인한 재난 상황이었다. 카트리나가 휩쓸고 지나간 지역에 살던 사람들 중에는 위험한 상황 속에서도 42퍼센트가 대피하지 않았다. 집을 떠나지 않은 사람들 중 38퍼센트는 스스로 집에 남기를 선택했다. 이들 중 44퍼센트가 '반려동물을 두고 가고 싶지 않아서'를 이유로 들었다. 당시에는 구조나 대피 시 반려동물 동반이 금지된 상태였기 때문이다. 즉 이들은 반려동물을 홀로 남겨두지 못해 재난 현장에 남았다.[29]

이런 상황이라면 반려동물과 함께 있다는 것만으로 인간이 안전 취약계층이 될 수 있다. 재난 시 반려동물을 데려가 주지 않기 때문에 구조 자체를 거부하게 되고, 결과적으로 스스로 위험에 노출되는 사람들이 있기 때문이다. 이처럼 재난 시 반려동물에 대한 지원 규정과 제도가 미비하기 때문에 동물은 대피 과정에서 남겨지거나 버려질 수 있다. 또한 재난으로 인한 물리적 위험에 처하는 것은 물론 보호자와 함께 할 수 없어서 생기는 불안과 스트레스에 시달린다.

운이 좋게 살아남았다 하더라도 이른바 망가진 재물로 인식되어 재입양도 쉽지 않은 게 현실이다. 보호자들 역시 여러 문제에 시달리게 된다. 대피 시 동물을 동반하지 못함으로 인해 남겨둔 동물에 대한 죄책감에 시달릴 수 있다. 함께 대피할 경우에는 은신처를 찾을 수 없어서 이중고에 시달린다. 이처럼 재난 시 반려동물과 인간은 함께 있음으로 인해 더 큰 취약성을 가질 수 있다. 따라서 이들을 함께 배려하는 것이 취약성을 줄여주는 방안이 된다.

허리케인 카트리나 이후 산불 등 재난이 많이 발생하는 미국, 호주 등을 중심으로 지역자치단체별로 동물의 대피와 구조에 대한 안내나 가이드 라인이 만들어졌다. 미국에서는 연방법으로 반려동물 대피 및 이동에 관한 법률Pets Evacuation and Transportation Standards Act을 만들고 주요 재난 상황에서 지자체가 반려동물과 서비스 동물 대피와 응급상황에 대비하도록 했다.

지진이 많은 일본에서도 '동물애호관리에 관한 법률'에 재해 시 동물의 적정한 사육과 보호를 위한 방책을 기본 지침으로 포함시켰다. 우리나라도 「2020~2024 동물복지 종합계획」에 따라 반려동물 동반 대피 요령을 만들고, 반려동물과 함께 대피할 수 있는 대피소 마련 방안을 포함시켰다.

한 쌍을 이루기도 하는 동물학대와 가정폭력

폭력은 반사회적인 행동으로 폭력의 피해자는 그 피해의 경중에 관계없이 정신적이고 육체적으로 피폐해지고 그 영향은 오랜 시간 지속될 수 있다. 폭력은 사회의 신뢰를 무너뜨리고 두려움과 공포를 확산한다. 따라서 국가는 폭력을 예방하고 피해자를 보호하는 다양한 제도를 운영한다.

우리 사회에는 폭력에 노출된 인간을 보호하는 많은 법적, 제도적 장치가 있다. 그렇다면 동물의 경우는 어떨까? 동물을 죽이는 행위가 합법적으로 인정되는 우리 사회에서 동물에 대한 폭력, 즉 동물 학대는 중범죄임에도 불구하고 사람에 대한 폭력보다는 가볍게 여겨지는 경향이 있다. 그러나 동물에 대한 폭력은 사회 전체가 주의를 기울여야 할 만큼 중대한 문제다. 왜냐하면 동물 학대는 가해자가 가진 심리적인 문제와 연계되어 있으며 생각보다 흔하게 일어나고, 결국 다른 종류의 폭력으로 연결될 가능성이 크기 때문이다.

윌리엄 호가트William Hogarth의 연작 판화 〈잔인함의 네 단계Four stages of cruelty〉는 인간과 동물에게 행해지는 폭력의 상관관계에 대한 인간의 오랜 상식을 보여준다. 판화에서

윌리엄 호가트가 그린 〈잔인함의 네 단계Four stages of cruelty〉 중 1단계와 2단계의 잔임함을 보여주는 동물 학대

그려지는 악인 톰 네로Tom Nero는 어린 시절부터 작은 동물을 괴롭히고 죽이는 악행을 일삼았고, 결국 성인이 되어 살인은 저지르는 악인이 된다.

여성이나 어린이 학대와 반려동물 학대의 연계성에 대해서는 꾸준히 이야기되고 있다. '반려동물을 학대하는 사람은 필연적으로 사람을 학대할 것이다' 혹은 '동물을 학대하는 사람은 범죄자가 될 것이다'라는 믿음이 있다. 인간과 동물에 대한 폭력의 상관관계 즉, 'The Link'는 다양한 연구를 통해 드러났다. 그러나 이 연구들은 주로 성인 범죄자를 대상으로 하고 있으며, 인과 관계를 명확하게 드러내지 못한다는 한계를 가진다. 어린 시절에 잠자리 날개를 떼거나 개구리를 죽인 사람이 필연적으로 연쇄살인마가 되는 것은 아니기 때문이다. 다만 반려동물이나 다른 동물을 학대했던 사람들의 비율이 범죄자들에게서 높게 나타난다는 것은 확인된 사실이다. 이런 확률적인 위험성만으로도 우리가 동물 범죄에 관심을 갖고 관련 제도를 정비해야 할 이유는 충분해 보인다.

1997년 미국의 가정폭력 피해자들이 머무르던 49개 보호소에서 「동물 학대와 가정 폭력: 피해 여성을 위한 쉼터에 대한 전국적인 조사」를 실시했다. 보호소에 들어온 사람들, 특히 여성과 어린이들에게 "혹시 가정폭력이 있을 때 반려동물도 같이 폭력에 노출되었나?"라고 물었다. 그 결과 여성은 85.4퍼센트, 어린이는 63퍼센트가 그렇다고 대답했다. 즉 여성이나 어린이들에게 폭력이 가해질 때 같이 살고 있는 동물, 혹은 그들이 아끼는 동물에게도 학대가 일어났다는 말이다.[30]

이 조사 결과로 알 수 있듯이 여성과 어린이에 대한 폭력과 반려동물에 대한 학대는 확률적으로 같이 높아진다는 것이 확인된다. 이런 이유로 동물 학대와 여성, 어린이에 대한 학대의 연계성이 계속 이야기되는 것이다. 그중 가장 심각한 동물 학대는 피해자와 동물의 유대를 이용해서 피해자인 여성이나 어린이를 더 괴롭힐 목적으로 동물을 학대하는 경우다. 이들은 피해자에게 폭력을 행사하는 방법 중 하나로 그들에게 소중한 존재인 동물까지 학대하는 것이다.

직접 당하는 폭력으로 인한 피해도 크지만, 유대가 있는 동물에 대한 폭력을 목격하는 일은 피해자들의 정신적인 피해를 더욱 크게 만든다. 1990년대 말에는 피해자 보호소 중에서 동물을 받아주지 않는 곳이 많았다. 그래서 동물만

두고 갈 수가 없어서, 자신이 떠나면 그 동물이 더 큰 피해를 입을 것이 분명해서 폭력을 피하지 못한 여성들도 있었다고 한다.

그래서 동물에 대한 폭력이나 학대가 감지되거나 신고되었을 때, 가해자가 속한 가정에 여성이나 어린이가 있는지, 그들이 학대받고 있지는 않은지를 확인하는 것이 중요하다. 우리나라 동물보호법에 따르면 업무상 동물 학대를 발견했을 때 동물보호관이나 수의사 같은 관련자들은 지방자치단체나 동물보호센터에 신고해야 할 의무가 있다. 그러나 일반 시민 누구든지 학대받는 동물과 유기동물을 신고할 수 있으므로 주위에 관심을 기울일 필요가 있다. 이러한 관심은 인간과 동물에 대한 폭력을 함께 줄이는 데 도움을 줄 것이다.

인간과 동물의 연계된 생태계에 대하여

인간과 동물은 재해나 폭력뿐 아니라 같은 질병의 위험도 공유한다. 인간과 동물의 접점이 있는 곳에서는 종을 넘어 병원체가 전달될 수 있고, 이 과정에서 변이를 일으킨 병원체는 기존과는 다른 증폭된 위험을 가져온다. 지난 수년간

전 지구를 마비시켰던 코로나19 역시 인수공통감염병이다. 야생동물과 가축, 또는 야생동물과 인간의 접점을 통해 바이러스의 변이와 전파가 일어난 것으로 추측하고 있다. 이 바이러스는 인간에서 동물로 동물에서 인간으로 전파되면서 많은 피해를 남겼다. 동물도 감염의 피해자여서 동물원의 사자와 호랑이, 밍크 농장의 밍크, 반려묘 등이 인간 감염자에게서 코로나19에 감염되기도 했다.

더욱이 신종 인수공통감염병의 위협은 나날이 증가하는 추세다. 유엔 환경 계획의 보고에 따르면 삼림 벌채 및 기타 토지 이용의 변화, 제대로 규제되지 않은 불법 야생동물 거래, 항균 저항성, 농업 및 축산업 생산 강화, 기후 변화로 인해 병원체의 종간 감염 가능성이 높아질 수 있다고 한다. 지난 20여 년 동안 야생동물과의 의도치 않은 접촉은 중증급성호흡기증후군이나 중동호흡기증후군, 신종인플루엔자 같은 새로운 인수공통감염병을 만들어냈다.

인간과 동물은 환경오염에도 동시에 노출된다. 우리는 환경오염에 대해 이야기할 때 인간에 미칠 영향만을 우려한다. 하지만 토양, 대기, 실내 환경오염 같은 경우에는 인간만이 아니라 반려동물들과 야생동물에게도 같은 위험을 안겨준다.

2007년 유조선에서 기름이 유출되어 태안 바다와 해안을 오염시켰던 사고를 기억해보자. 당시 사고는 해안 생태계 전반에 피해를 입혔다. 특히 패류, 갑각류 그리고 해양포유류의 떼죽음은 물론 양식 어장을 황폐화시켰다. 주민들은 휘발성 유기화합물에 의한 급성노출 증상으로 메스꺼움, 시력 저하, 호흡기 이상 증상을 보였다. 그리고 쉽게 회복되지 않은 지역의 생태계와 경제로 인해 지역사회는 오랜 기간 어려움을 겪어야 했다.

우리가 동물을 인간과 같은 위험을 공유하는 존재로, 함께 고통을 겪는 존재로 인식한다면 어떨까? 그렇게 된다면 고통 혹은 위험에 대비하는 방식을 마련하는 데 있어서 인간과 동물을 하나의 운명공동체로 받아들일 수 있다. 최근에는 인간과 동물이 같은 위험에 노출된다는 사실을 'One Health'라는 새로운 개념에 담았다. 인간과 동물 그리고 생태계(에코시스템)의 건강이 연계되어 있기 때문에 인간 중심적인 시각만으로는 우리에게 닥쳐올 새로운 위험에 충분히 대비할 수 없다는 의미다.

여러 차례의 인수공통감염병 팬데믹을 겪으며 인류는

신종 감염병이 어느 한 지역의 질병이 아니라 전 지구적인 문제임을 깨달았다. 따라서 모든 지역이 함께 팬데믹의 위험에 대비해야 한다. 특히 인간과 야생동물의 접점 기회가 높은 저개발 지역을 대상으로 국제적인 연구와 신종 감염병 모니터링을 집중할 필요가 있다. 인간이 동물을 공동체의 일원으로 보고 동물에게도 공유되는 위험을 분석한다는 것은 위험의 성격과 특성에 대한 이해도를 증진시킨다. 이는 결국 새로운 시각으로 위험에 대비할 다양한 가능성을 열어준다.

여기에 덧붙여 복지 프레임에서도 변화가 일어나고 있다. 동물복지를 증진하는 것이 결국은 인간의 복지를 증진시키는 것이라는 개념을 'One Welfare'라는 단어로 표현하는 것이다. 인간과 동물의 복지는 여러 측면에서 연계되어 있으며, 이는 잘 기능하고 있는 생태계를 전제로 한다는 의미다.

우리는 동물과 관련한 다양한 사회적 이슈에 대해 인간 중심적이고 이기적인 접근 방식에서 벗어나 통합적인 방식으로 접근해야 한다. 그럼으로써 동물과 인간 모두의 건강과 복지를 증진하는 방법을 찾을 수 있다. 이는 지금까지 무관심하게 지나쳐온 주위의 동물과 동물이 처한 상황을 다시 돌아보아야 한다는 숙제를 우리에게 남긴다. 희귀 야생동물은 구입하고 번식시키고 때로는 사육을 포기해 방사하는 일, 체험동물원에서 동물을 전시하고 만지는 일, 동물 번식장에서 생산된 반려동물을 손쉽게 구입하고 싫증이 나면 이들을 방치하고 유기하는 일, 도시 개발을 위해 기존의 야생동물 서식지를 파괴하는 일, 대규모 공장식 축산을 지속하는 일. 이러한 일은 부주의함이나 무관심으로 동물의 건강과 복지에 해를 가하는 것일 뿐만 아니라 인간의 건강과 복지도 함께 훼손하는 일임을 다시금 되새겨야 한다.

우리는 동물과
어떻게 공존할 수 있을까

돌봄의 대상에서 존중의 주체로

우리는 동물과의 공존을 이야기한다. 그리고 그 동물에 대한 연민과 공감을 갖고 살아갈 것이다. 다른 존재에게 공감하고 배려한다는 것, 이것은 인간이 지금까지 진화해오면서 멸종되지 않고 살아남았을 수 있었던 중요한 능력이다.

법철학자인 마사 누스바움Martha Nussbaum은 인간이 우리와 다른 동물에게 경이로움과 존중을 갖고, 고통받는 동물과 우리를 연관시켜 연민을 느끼며, 전환적 분노를 통해 행동을 바꿀 수 있기를 기대한다. 그리고 행동을 바꿈으로써 동물이 부당한 많은 관행을 끝내는 것이 정의justice라고 주장한다. 누스바움이 주장하는 정의는 각각의 동물이 가치와 내재된 존엄성을 인정받고 존중받으며 종의 특성에 따른 역량capability에 맞춰 번성할 수 있을 때 실현된다.

인간에게는 동물들이 자신의 본성과 역량에 맞는 삶을 살 수 있도록 보장해야 할 의무가 있다. 우리는 동물을 여전히 이용하고 있으며 앞으로도 이용할 것이다. 인간과 동물 또는 동물과 동물의 이해관계는 자주 충돌하고 해결 방안은 난해할 것이다. 누스바움은 이런 상황에 낙담해 아무것도 하지 않거나 인간의 탐욕을 개탄하며 인간의 모든 활동을 억제하는 방식으로는 문제를 해결할 수 없다고 말한다. 동물을 이용하는 관행들이 정당한지를 따지기 전에 이들이 왜 비윤리적인지 그리고 언제 이런 비윤리성을 보이는지를 먼저 찾아내야 한다. 그러한 관행을 가능한 한 빠르게 변화시킴으로써 딜레마에서 벗어날 수 있다.

인간과 동물이 자원을 공유해야 하는 상황, 일부 지역에서 인간이 굶주리고 질병에 시달리는 상황을 고려해보자. 이런 경우라면 동물의 복지에 자원을 투자하는 것이 정당화되기 어려울 것이다. 그러나 한발 물러서서 생각하면 인간의 빈곤과 고통은 자연이 가진 자원의 한계에서 온 것이 아니라 인간 스스로 만들어낸 제도의 어설픔에서 오는 것임을 알 수 있다. 따라서 인간의 이익을 보장하기 위해 동물의 희생을 강요해서는 안 될 일이다.

인간중심주의에서 벗어나 인간의 눈이 아니라 동물의 눈으로 세상을 본다는 것은 세상의 다양한 부분을 새롭게 발견할 수 있는 계기가 되어준다. 한국의 인간동물연구네트워크를 이끌고 있는 이동신은 기존의 인간동물관계가 인간중심주의에 기반한 폭력적이고 비윤리적인 체계일 수 있음을 비판한다. 인간과 동물의 위계적인 관계를 바탕으로 구성된 도덕적 공동체 그리고 그 안에서의 행동에 대한 윤리적 판단은 불안정할 수밖에 없다. 따라서 인간과 동물의 구분을 해체하고 인간이 중심이 아닌 체계를 구성하려는 시도가 필요하다고 제안한다. 이 과정에서 오히려 인간과 동물의 관계를 더 깊이 생각해볼 수 있고 이를 통해 인간의 변화가 가능해진다는 것이다.

이 두 학자의 주장을 곱씹어봄으로써 우리는 커다란 깨달음을 얻을 수 있다. 동물과 동물 문제를 바라볼 때 인간을 지구에 살고 있는 다른 종들과 같은 위치에서 보고, 기존의 윤리적인 틀을 겸허한 눈으로 성찰할 수 있어야 한다. 그러한 태도는 동물뿐 아니라 인간의 미래에도 도움이 된다. 때로는 경이롭고 때로는 무덤덤한 동물이라는 존재, 그 존재들과 새로운 관계를 맺어나갈 필요가 있다. 그 새로운 관계에 대해 생각하는 것은 우리를 좀 더 바람직한 동료로 변화하게 만들어준다.

영국이 동물복지에 먼저 관심을 갖게
된 이유는 무엇일까? 나라나 지역별로
동물복지 수준의 차이가 나는 이유가
무엇인지 궁금하다.

당시 영국은 산업혁명과 제국주의적 팽창을 통해
부를 축적했지만, 도시의 팽창과 계급화, 분배의
불균형 같은 근대 사회의 문제를 안고 있었다. 자
본에 근거한 근대 의학과 과학의 발전은 생체 실
험이라는 비인도적인 도구를 관행처럼 만들었고,
사회문제는 결국 여성과 노동자의 권익을 위한

다양한 사회운동을 촉발했다. 사회 전반적으로 계몽주의와 인도주의의 영향도 커졌다. 또한 빅토리아 시대 이후 새로운 도시 중산층이 애완동물을 키우는 일이 보편화되었고, 동물을 잘 키우는 것은 개인의 소양을 기르는 데 도움이 된다고 알려져 있었다. 이런 흐름 속에서 교육을 받은 지식인과 시민들은 동물 학대적인 관행이나 동물생체해부에 대한 거부감이 컸을 것이다.

일반적으로 나라나 지역별로 동물복지 수준과 동물복지 제도의 활성화가 차이 나는 이유는 해당 지역의 산업적, 경제적, 문화적 특성이 다르기 때문이다. 대개는 소득수준이 높은 지역이나 고도의 도시화가 진행된 지역, 반려동물을 키우는 가구가 많은 지역에서 동물복지에 대한 요구가 높다.

사회적 약자에 대한 혐오와 핍박이 심
해질수록 동물에 대한 혐오와 범죄도
늘어나는 것 같다. 실제 두 가지 사실에
인과 관계가 있을까?

여성과 아이들에 대한 가정의 폭력과 반려동물에
대한 폭력 사이에 통계적 연관성이 있다는 점에 대
해서 사회는 어느 정도 인식하고 있는 것으로 보인
다. 하지만 사회적 약자에 대한 혐오와 핍박이 심
해지는 것과 동물에 대한 혐오와 범죄가 늘어나는
것에 인과 관계가 있을 것 같지는 않다. 다만, 동물
을 가장 취약한 사회 구성원으로 본다면 이들에 대
한 혐오와 범죄도 같은 맥락에서 늘어난다고 볼 수
있다. 사회적 약자에 대한 혐오와 핍박은 어느 사
회에서든 있어서는 안 되며 강하게 처벌받아야 하
는 범죄다.

동물을 죽이는 일이 합법적인 데다 산업적으로
이루어질 수 있으며, 동물이 생명이라기보다는 물
건으로 취급되는 법과 제도하에서 동물이 갖는 취

약성은 사회적 약자에 대한 그것과는 근본적으로 다르다. 그러나 캐롤 아담스Carol Adams 같은 여성학자는 동물과 여성에게 가해지는 폭력의 유사성을 찾아내어 폭력의 고리를 끊으려는 시도를 한다. 본문에서 소개한 템플 그랜딘은 자신이 가진 자폐 스펙트럼이 동물의 시각과 두려움, 그리고 스트레스를 이해하는 데 도움이 되었다고 한다. 또한 동물의 복지를 향상시키는 다양한 방안을 고안할 수 있었다고 말한다. 인간과 동물이 공유하는 취약성은 공통적인 혐오가 아니라 서로를 더 이해하고 보호하는 데 이용되어야 한다.

지구의 미래는 공존의 역사로부터 이어진다

글을 쓰는 동안 내 옆을 지키고 있는 바둑이는 길고양이다. 아니 길고양이였다. 10년 전 대학 건물의 주차장에 나타나 시끄럽게 구는 작은 고양이에게 밥을 주기 시작했다. 겁이 많아 일정 거리를 유지하기는 했지만, 녀석은 내 차와 내 발소리를 기억했다. 포획해서 중성화 수술을 하면서 바둑이라고 이름을 붙였다. 우리는 서로를 인식하며 7년간의 관계를 유지했다.

  코로나 시절 주차장 공사가 시작되면서 녀석을 연구실로 데리고 왔다. 바둑이의 자유로운 생활과 느슨한 우리의 관계를 깨는 데 많은 고민이 필요했다. 녀석에게는 어떤 삶이 더 좋을까? 공포와 적응의 두어 달이 지난 후 가두어

됐던 케이지에서 연구실 바닥으로 나온 바둑이는 너무나도 익숙하게 연구실에 자리를 잡았다. 그리고 지금은 키보드 소리를 자장가 삼아 낮잠을 즐기고 종종 안아달라며 무릎 위로 올라오곤 한다.

인간과 동물의 관계는 우연과 경이로움으로 가득 차 있다. 동물과의 경험을 연구하는 것도 이와 똑같은 경이로움을 준다. 동물은 눈빛으로 몸짓으로, 그리고 이들이 우리 문화에 심어놓은 많은 상징으로 우리의 제도와 생활 패턴에 자신들이 인간과의 관계에서 알게 된 것들을 풀어놓는다. 이걸 알아채는 순간은 고전을 읽거나 거대한 자연을 만났을 때만큼이나 멋지다. 동물의 처지에서 생각해본다는 것은 새로운 세계로 향하는 문을 여는 것과 같다.

우리가 살고 있는 현재는 인류세라고 불릴 만큼 지구상의 다른 존재들에게 미치는 인간의 영향이 크다. 이 영향력을 이용해 다른 종을 멸종으로 몰아가고 고통에 빠지게 해야 할까? 당연히 그래선 안 된다. 이를 막을 수 있는 방안을 도모하는 것은 지구의 다른 존재들에 대한 인간이라는 한 종의 의무다. 그래서 인간동물학은 동물이, 그리고 인간과 동물이 함께 살기 좀 더 좋은 세상을 꿈꾼다.

동물이 좀 더 살기 좋은 세상을 만들기 위해 대단한 학문적인 성과나 인간의 엄청난 희생이 필요하지는 않다. 우리와 함께 살고 있는 다른 종의 동물의 삶에 관심을 가지는 것만으로도 충분하다.

생활 속에서 무심결에 하는 동물에게 해가 되는 일, 그런 것을 조금 덜 하기로 마음먹어보면 어떨까? 동물실험을 하지 않고 생산하는 화장품이나 생활용품을 구입하는 것에서 시작할 수도 있다. 일주일에 하루쯤은 '고기 없는 요일'로 정해서 육식을 줄여보는 것도 좋다. 플라스틱 사용과 생활 쓰레기를 줄여 폐기물로 해양 생물들이 겪는 어려움을 방지할 수도 있다.

종종 동물원 동물이 탈출하거나 사육사를 해치는 사고가 뉴스로 보도된다. 맹수나 돌고래, 코끼리 같은 동물들이 지내기에 동물원은 너무 좁고 갑갑할 수도 있다. 훈련을 통해 자연에 적응할 수 있다면 이미 갇혀 있는 동물 중 일부라도 자연스러운 습성을 지키며 살아갈 수 있게 놓아주는 것은 어떨까?

우리의 즐거움이 동물의 고통이 되지 않는 방식을 선택할 수도 있다. 체험동물원이나 동물을 이용하는 축제에서 동물을 함부로 대하지 않도록 하고, 미디어에 노출되는 동물이 카메라 앞에서 겪게 되는 고통과 스트레스 역시 줄이는 노력이 필요하다. 이런 방식이 지켜지지 않는 축제나 미디어를 거부하고 찾지 않는 아주 쉬운 방식으로 말이다.

동물을 소유하는 방식에 대해서도 진지해져야 한다. 개와 고양이 같은 반려동물은 10년이 넘는 동안 인간과 가족처럼 지내면서 늙어간다. 이런 과정을 함께한다는 것이 얼마나 큰 축복인지 깨닫는다면 이들과의 관계가 더욱 소중해질 것이다.

더 나아가 동물을 대변하는 사람들과 연대하거나 이들을 지원하는 것도 하나의 방법이다. 후원금을 내거나 자원봉사에 참여해 어려움에 처한 동물을 직접적으로 구하고 도울 수 있다. 동물의 복지를 강화하거나 동물 학대 처벌을 강화하는 입법 활동을 지원하고 이런 정책을 내는 정치인에게 투표할 수도 있다.

인간동물학은 이 모든 관심과 노력을 분석하고 기록하며 의미와 가치를 부여한다. 그리고 이러한 의미와 가치가 인류세를 넘어 이후의 공존을 준비하는 과정을 만든다고 믿는다.

주석

1. 축산물품질평가원, 「한우 시도/사육규모별 농장수 및 마리수」, 가축동향조사, 2023 참고

2. Our World in Data 유엔식량농업기구 데이터를 활용한 2차 자료(https://ourworldindata.org/meat-production)

3. World Wildlife Fund, 「What does 'endangered species' mean?」 (https://www.worldwildlife.org/pages/what-does-endangered-species-mean)

4. Christopher N. Johnson, 「Past and future decline and extinction of species」, The Royal Society(https://royalsociety.org/news-resources/projects/biodiversity/decline-and-extinction/)

5. Penn, J. L., & Deutsch, C., 「Avoiding ocean mass extinction from climate warming」, Science, 2022, 524-526p

6. Matej Mikulic, 「Annual number of animals used in research and testing in selected countries worldwide as of 2020」, Statista, 2023 (https://www.statista.com/statistics/639954/animals-used-in-research-experiments-worldwide/)

7. 농림축산검역본부, 「2022년 동물실험윤리위원회 운영실적 및 동물실험 실태조사」, 2023 참조

8. 농림축산식품부, 「2023 동물복지에 대한 국민의식조사」

9. 동물자유연대, 「2021 유실·유기동물 분석」(https://www.animals.or.kr/report/print/58888)

10. Chandroo, K. P., Duncan, I. J., & Moccia, R. D., 「Can fish suffer?: perspectives on sentience, pain, fear and stress」, Applied Animal Behaviour Science, 2004, 225-250p

11. Crook, R. J., 「Behavioral and neurophysiological evidence suggests affective pain experience in octopus」, Iscience, 2021

12. Rizzolatti, G., Fabbri-Destro, M., 「Mirror neurons: from discovery to autism」, Exp Brain Res 200, 2020, 223 - 237p

13. Johnson, L. S. M., 「Introduction to Animal Neuroethics: What and Why?」, Neuroethicsand nonhuman animals, 2020, 1-13p

14. 최훈, 「동물 신경 윤리: 동물 고통의 윤리적 의미」, 『생명윤리』, 2009, 49-61p

15. 오픈서베이, 반려동물 트렌드 리포트 2023 (https://blog.opensurvey.co.kr/trendreport/companionanimal-2023/)

16. De Waal, F. B., 「What is an animal emotion?」, Annals of the New York Academy of Sciences, 2011, 191-206p

17. Webb, L. E., Veenhoven, R., Harfeld, J. L., & Jensen, M. B, 「What is animal happiness?」 Annals of the New York Academy of Sciences, 2019, 62-76p

18. Buss, D. M., 「The evolution of happiness」, American psychologist, 2000, 15-23p

19. Mellor DJ., 「Updating Animal Welfare Thinking: Moving beyond the "Five Freedoms" towards "A Life Worth Living"」, Animals, 2016

20. Kreilkamp, Ivan, 「The Ass Got a Verdict: Martin's Act and the Founding of the Society for the Prevention of Cruelty to Animals, 1822.」, BRANCH (https://branchcollective.org/?ps_articles=ivan-kreilkamp-the-ass-got-a-verdict-martins-act-and-the-founding-of-the-society-for-the-prevention-of-cruelty-to-animals-1822)

21. 농림축산식품부,「동물복지 강화 방안」발표 보도자료, 2022

22. ANIMAL PROTECTION INDEX Korea (https://api.worldanimalprotection.org/country/korea)

23. 장일호,"데이터가 들려주는 길고양이의 삶", 시사인(2018.5.3.) (https://www.sisain.co.kr/news/articleView.html?idxno=31748)

24. 천명선, "새와 고양이 그리고 사람, 마라도의 갈등은 누구 책임인가", 한국일보(2023.8.5.)에 게재된 내용을 일부 포함함

25. UK Action Plan for Animal Welfare (https://www.gov.uk/government/publications/action-plan-for-animal-welfare/action-plan-for-animal-welfare)

26. Cochrane, A., Garner, R., & O'Sullivan, S, 「Animal ethics and the political」, Critical Review of International Social and Political Philosophy, 2018, 261-277p

27. Cowled, B. D.et.al., 「The Australian 2019/2020 black summer bushfires: analysis of the pathology, treatment strategies and decision making about burnt livestock」, Frontiers in veterinary science, 2022

28. 고은경, "태풍·지진 때 반려동물도 구조하고 재난대책 세워주세

요", 한국일보(2021.11.26.) (https://m.hankookilbo.com/News/Read/A2021112418190000241)

29. Fritz Institute, 「Hurricane Katrina: Perceptions of the Affected」, 2006 (https://reliefweb.int/report/united-states-america/hurricane-katrina-perceptions-affected)

30. Wood, D. S., Weber, C. V., & Ascione, F. R., 「The abuse of animals and domestic violence: A national survey of shelters for women who are battered」, Society & Animals , 1997, 205-218p

참고문헌

1. Arnold Arluke & Clinton R. Sanders. (1996). Regarding Animals (Animals, Culture and Society). Temple University Press.

2. Cochrane, A. (2019). Should Animals Have Political Rights? (Political Theory Today). Polity.

3. Donaldson, S. & Kymlicka, W. (2011). Zoopolis: a political theory of animal rights. Oxford: Oxford University Press.

4. Fraser, D. (2008). Understanding animal welfare: The Science in its Cultural Context. Wiley-Blackwell.

5. Linzey, A. (Ed.). (2009). The Link Between Animal Abuse and Human Violence. Liverpool University Press.

6. Nussbaum, M. C. (2023). Justice for animals: Our collective responsibility. Simon and Schuster.

7. Russell, W. M. S., & Burch, R. L. (1959). The principles of humane experimental technique. Methuen.

8. 도나 해러웨이, 『트러블과 함께하기』, 최유미 옮김, 마농지, 2021

9. 마고 드멜로, 『동물은 인간에게 무엇인가』, 천명선, 조중헌 옮김, 공존, 2018

10. 샬럿 E. 블래트너 외, 『동물노동』, 평화 외 옮김, 책공장더불어, 2023

11. 에드워드 윌슨, 『바이오 필리아』, 안소연 옮김, 사이언스북스, 2010

12. 이동신, 『다르게 함께 살기: 인간과 동물』, 이다북스, 2021

13. 전의령, 『동물 너머』, 돌베개, 2022

KI신서11920

우리는 지구에 홀로 존재하지 않는다

1판 1쇄 인쇄 2024년 5월 23일
1판 1쇄 발행 2024년 6월 4일

지은이 천명선
펴낸이 김영곤
펴낸곳 ㈜북이십일 21세기북스

서가명강팀장 강지은 **서가명강팀** 박강민 서윤아
디자인 THIS-COVER
출판마케팅영업본부장 한충희
마케팅2팀 나은경 정유진 백다희 이민재
출판영업팀 최명열 김도연 김다운 권채영
제작팀 이영민 권경민

출판등록 2000년 5월 6일 제406-2003-061호
주소 (10881)경기도 파주시 회동길 201(문발동)
대표전화 031-955-2100 **팩스** 031-955-2151 **이메일** book21@book21.co.kr

(주)북이십일 경계를 허무는 콘텐츠 리더

21세기북스 채널에서 도서 정보와 다양한 영상자료, 이벤트를 만나세요!
페이스북 facebook.com/jiinpill21   포스트 post.naver.com/21c_editors
인스타그램 instagram.com/jiinpill21   홈페이지 www.book21.com
유튜브 youtube.com/book21pub

서울대 가지 않아도 들을 수 있는 명강의! 〈서가명강〉
유튜브, 네이버, 팟캐스트에서 '서가명강'을 검색해보세요!

ⓒ 천명선, 2024

ISBN 979-11-7117-608-3 04300
     978-89-509-7942-3 (세트)

책값은 뒤표지에 있습니다.
이 책 내용의 일부 또는 전부를 재사용하려면 반드시 (주)북이십일의 동의를 얻어야 합니다.
잘못 만들어진 책은 구입하신 서점에서 교환해드립니다.